U0897511

南平市纪委监委
南平市朱子文化研究会 出品

FENG
YUN
DI
DANG

风云涤荡

朱子反贪记

杨志林 著

中国方正出版社

图书在版编目（CIP）数据

风云涤荡：朱子反贪记/杨志林著．—北京：中国方正出版社，2021.8

ISBN 978-7-5174-0992-2

Ⅰ.①风… Ⅱ.①杨… Ⅲ.①长篇历史小说-中国-当代 Ⅳ.①I247.5

中国版本图书馆 CIP 数据核字（2021）第 120776 号

风云涤荡：朱子反贪记

FENGYUN DIDANG：ZHUZI FANTANJI

杨志林 **著**

责任编辑：陶　莹
责任校对：周志娟
责任印制：李惠君

出版发行：中国方正出版社
（北京市西城区广安门南街甲 2 号　邮编：100053）
编辑部：（010）59594615　发行部：（010）66560950
出版部：（010）59594625　门市部：（010）66562733
邮购部：（010）66560933
网　址：www.lianzheng.com.cn
经　　销：新华书店
印　　刷：北京新华印刷有限公司

开　　本：787 毫米×1092 毫米　1/16
印　　张：18
字　　数：240 千字
版　　次：2021 年 8 月第 1 版　2021 年 8 月北京第 1 次印刷

ISBN 978-7-5174-0992-2　　定价：42.00 元

序　一

陈云水

“东周出孔丘，南宋有朱熹，中国古文化，泰山与武夷。”朱子是我国历史上著名的思想家、哲学家、教育家。朱子在闽北“琴书五十载”，成就了闽北文化史上最光辉灿烂的篇章。因为朱子，闽北有了“道南理窟、闽邦邹鲁”之美称。

朱子是中国古代社会后期儒家思想的集大成者，他总结并发展了儒家尤其是宋代理学思想，建立起了庞大的理学体系。南宋已来，其思想被尊奉为官学，从政治、文化、伦理、道德、风俗等多方面影响了中国近千年。

朱子理学体系博大精深，其中蕴含着明德向善、修身齐家、视民如伤、选贤与能、遵规守廉、安贫乐道等丰富的廉政思想。和很多古代的思想家不同，朱子有任地方官的经历，有机会把这些廉政思想付诸实践。这些思想和实践，至今仍有重要的借鉴意义。

习近平总书记曾在多次讲话中引用朱熹的相关论述。2014 年 6 月 30 日在十八届中央政治局第十六次集体学习时，习近平总书记引用“不以一毫私意自蔽，不以一毫私欲自累”，强调领导干部要艰苦奋斗、清正廉洁，正确行使权力，在各种诱惑面前经得起考验；

2020年1月8日，在“不忘初心、牢记使命”主题教育总结大会上，引用“天下之难持者莫如心，天下之易染者莫如欲”，告诫全党必须保持崇高的革命理想和旺盛的革命斗志，驰而不息地抓好正风肃纪反腐，涤荡一切附着在党肌体上的污泥浊水，以正视问题的勇气和刀刃向内的自觉，不断深化党的自我革命。

习近平总书记强调，弘扬中华优秀传统文化要处理好继承和创造性发展的关系，重点做好创造性转化和创新性发展。作为闽北的一分子，我们也一直在思考，如何创造性转化、创新性发展朱子的廉政思想和廉政实践，为当前的党风廉政建设和反腐败工作提供有益参考和借鉴。

非常欣喜地，我们得知南平青年作家杨志林先生历时三年，创作的历史纪实小说《风云涤荡——朱子反贪记》一书，讲述的正是朱子在提举浙东常平茶盐公事任上，六次弹劾当朝宰相王淮姻亲台州知府唐仲友的故事。该书以独到的叙事视角、精巧的布局结构、通俗且个性化的语言，展现了理学家朱子以民为本、疾恶如仇的圣哲风范及思想精华。《风云涤荡——朱子反贪记》一书的出版与发行，是朱子故里南平市聚力朱子文化复兴、打响朱子文化品牌的一次文化实践，同时也是我市纪检监察机关创造性转化、创新性发展朱子廉政思想和廉政实践的一次尝试，希望能给广大读者带来有益的启发。

作为党的纪律部队，纪检监察机关和纪检监察干部或许可以从朱子精彩的振纲肃纪实践中汲取营养、增长智慧，以更加坚强的意志，忠诚履职、知重负重、苦干实干，奋力书写全面从严治党的新篇章。

是为序。

（作者系福建省南平市委原常委、市纪委原书记、市监委原主任）

序　二

林文志

近年来，传承发展中华优秀传统文化是习近平新时代中国特色社会主义思想的重要组成部分，作为“朱子故里·理学摇篮”的南平市，深入贯彻《中共中央办公厅国务院办公厅印发关于实施中华优秀传统文化传承发展工程的意见》，出现了一次朱子文化保护建设的思想觉醒和行动风暴，工作可圈可点，成效有目共睹。在文学创作上，武夷山市方志办黄胜科、李崇英撰稿，武夷山市政协出品《朱子之歌》一书；原市委书记林克敏撰稿，武夷山朱熹研究中心出品《读者看朱熹》一书；武夷学院教授陈国代撰述、出品《朱子在福建的行踪》一书；建阳区青年作家祝熹创作，南平市政协出品《大儒世泽——朱子传》一书；建瓯市文体旅局吴章中创作，南平市朱子文化研究会和吴章中联合出品《斯文在兹——朱子与闽北》一书等，可谓成果丰硕。在如此快速高产的朱子文化文学作品问世背景下，杨志林悄然无声，默默创作，捧出厚厚的一摞《风云涤荡——朱子反贪记》书稿，已然杀青，实在令人感佩。

杨志林，电视栏目编导，主任记者，中国电视艺术家协会会员，福建省作家协会会员。长期以来，他在做好新闻本职工作的同时，坚持文学创作和影视剧本创作，讲述精彩故事，丰富人生追求电影剧本《格桑梅朵》荣膺第28届中国金鸡百花电影节民族题材剧本提名奖，电影剧本《廖俊波》获第八届“重影杯”提名奖，散文作品《棰骟》获首届孙犁文学奖。杨志林源于对朱子的景仰，感动于朱子文化保护建设如火如荼的发展局面，产生了创作冲动，遂以朱子查贪为素材《风云涤荡——朱子反贪记》一书。作为一部历史纪实小说，虽是处女作，但构思严谨，章节合理，文字朴实，辞彩活泼，史料准确，既是研究成果，又是成功之作。尤其是情节具体生动，使读者看到了一个活脱脱的朱子，理学家朱子表情不苟言笑、工作严谨认真的另一面，那就是朱子也是人，也是凡人，也有喜怒哀乐，也有生活情趣，因此产生热爱朱子、亲近朱子之感。这是作品难能可贵之处。

朱子一生“致广大、尽精微、综罗百代”，其行迹遍至福建、江西、浙江、湖南；其理学思想，本质上是治国理政思想，包括抗侵拒和、正君束臣、兴教育人、爱民重农、反腐倡廉、敦化民风思想。林克敏在《读者看朱熹》一书中认为，朱子是具有崇高气节的民族英雄，是为国为民的杰出政治家，是兴学育人的大教育家。著名史学家束景南教授在其《朱子大传》里称朱子“在奏劾唐仲友中表现出来的道学硬骨不在民间传说的‘包青天’之下!”综观朱子之后800多年历史，记述和研究朱子行迹和思想的典籍文献汗牛充栋，但描写和表现朱子反贪惩腐的文学作品不曾见过。杨志林独辟蹊径，对朱子任浙东提举期间反贪惩腐行动的零散资料进行深入系统学习研究，进而以历史纪实小说的体裁创作本书，在朱子文化理论研究和文学创作领域几乎没有，对当下学史鉴今，推动党风廉政建设和反腐败斗争，具有重要的现实意义。

中国特色社会主义进入新时代。习近平总书记曾引用朱子知漳州时为白云岩书院题写“地位清高，日月每从肩上过；门庭开阔，江山常在掌中看”这副对联，告诫勉励党员领导干部，不管职务多大，不论级别多高，都要把全面从严治党政治责任扛在肩上、抓在手上，为国家谋发展，为人民谋利益。800多年前的朱子尚能“肩上过”“掌中看”，今天的中国共产党人、人民公仆，更要牢记习近平总书记的殷殷教诲，在弘扬发展朱子文化中，学习朱子的思想境界和奉献精神，为夺取全面建设社会主义现代化国家新胜利贡献力量。

（作者系南平市政协原副主席、南平市朱子文化研究会会长）

目　录

第一章　偏向虎山行

江南可采莲，莲叶何田田，
鱼戏莲叶间，鱼戏莲叶东，
鱼戏莲叶西，鱼戏莲叶南，鱼戏莲叶北。

——《汉乐府·江南》

浙东，江南境域，莲之胜地。

自宋以来，以钱塘江为界，分“浙西”“浙东”二路。“浙东”路辖有三府四州，三府为绍兴府、庆元府、瑞安府，四州为台州、衢州、婺州、处州。浙东，这是一块很大的地盘。

浙东大旱

南宋孝宗淳熙八年（1181 年）的那个夏天，一向莲花盛开的浙东却无花可赏无莲可采了。

莲花哪去了？死了！怎么死的？老天爷给旱死的！

冰冻三尺非一日之寒，浙东大旱也非一季之灾！从历史记载来看，浙东 1181 年的旱灾影响之所以如此大、灾民之所以如此多，主要是连年干旱累积所致。

翻开浙东一带的州志、县志，你看到的全是：旱灾！旱灾！旱灾！

宋乾道六年（1170年）浙东旱，温、台为甚（《浙江灾异简志》）。

宋乾道九年（1173年）台州久旱，无麦苗；临海久旱无麦，秋饥；仙居久旱无麦（《浙江灾异简志》《临海县志》《仙居县志》）。

宋淳熙元年（1174年）浙东旱，台州、临海为甚，饥甚（《浙江灾异简志》《临海县志》）。

宋淳熙七年（1180年）台州大旱，自四月不雨至九月（《浙江灾异简志》）。

宋淳熙八年（1181年）台州旱（《台州府志》卷一三二）

……

一句话，1170年到1181年的11年里，浙东这个地方很衰，连遭大旱。境内乡民搬迁的搬迁，逃荒的逃荒。1181年，仅绍兴府的受灾人口就达140万，整个浙东地区灾民涌动。

那涌动的可不是灾民，而是炙热的“岩浆”，一旦喷发，就将变成不可遏制的火山。火山这玩意儿谁都怕，当时的皇帝叫赵昚（孝宗），1181年的那个夏天，他过得很不舒坦，因为他每天一上朝，收到的尽是从浙东传来的旱灾奏折。

人逢喜事精神爽，但人碰到烫手的事呢？那就心慌慌啊。面对龙案上成堆的报告，赵昚很郁闷，人有心事就睡不踏实，这些天，鸡还没叫他就醒了，皱着眉头起床上朝，大臣们也得睡眼惺忪地跟着上朝。上朝干什么？当然是议事，当前最大的事就是浙东大旱，所以，他们每天坐在一起议得最多的事就是抗旱赈灾问题！

孝宗起身，指着龙案叹道：自从朕坐上这个位置，就没一天消停过，北边金兵年年侵扰，没完没了，现在南方浙东又遇百年大旱，怨声载道，流民四起！

孝宗指着案上一叠奏折继续说道：要求赈灾的折子接二连三，压得朕是喘不过气来啊！

孝宗双手一摊，看着众大臣：众卿家，你们说说，现在朝廷该怎么办？朕该怎么办？

大臣们先是面面相觑，然后是小声议论开了。

侍御史张大经持笏上前：回禀陛下，浙东旱灾久矣，赈灾迫在眉睫，不赈恐生民变呀！

右正言蒋继周附和道：是呀，陛下，流民变暴民，往往就是一夜之间的事啊！

孝宗看了两人一眼，没有言语。

宰相王淮一听张、蒋二人的话，以为他们有赈灾良策，于是看着二人问道：二位大人所言甚是，本官向陛下举荐你二人作为赈灾大臣，去浙东走一趟，可好？

张、蒋二人听了，连忙摇头。

张大经：下官才疏学浅，实难担此重任！

蒋继周：下官常年藏匿书斋，对赈济之事知之甚少，有心无力啊！

孝宗环顾着殿下的一干大臣，无奈地摇了摇头。

谁都知道赈灾工作不好做。派谁去赈？怎么赈？赵昚心里没底，众大臣心中也没底，谁都不肯接这个活。大家心里明白着，这个赈灾大臣可不是什么好差事。一是费力，二是费力还不讨好，三是灾民涌动易闹事，赈灾工作搞不好有生命危险，万一走着去躺着回来，这可不是闹着玩的。

赵昚登基当皇帝以来，南方一直相对平安无事，南方无事，也就是南宋的根基稳当，这让他很欣慰。所以，尽管20年来，北方战事不断，但在赵昚看来，都不是大事！

可是，这次浙东大旱，流民四起，他坐不住了。浙东，这可是朝廷的后院，老百姓都知道“后院不能起火”，后院起火那是要出大事的。赵昚心里担心，弄不好，浙东这把火，有可能把他的江山给烧没了，自己好不容易才从堂叔高宗赵构手里把皇位接过来，江山重归太祖一脉，如果弄丢了那他就成千古罪人了，对不起太祖对不起赵家的列祖列宗，他能不着急吗？

赵昚面对如此棘手难题，有些手足无措，常常一个人在寝宫里转来转去，夜不能寐。掌印太监看不下去了，于是提醒赵昚：据老奴看来，像赈灾这样的事，是宰相大人分内的事，怎劳陛下您亲自处理呢？宰相是干嘛的啊？是为您分忧为您想法子的呀！

赵昚一想，对呀，关键时刻你宰相得出手啊，不然朝廷要你宰相有什么用？

第二天早朝，赵昚就办一件事，他告诉宰相王淮：浙东赈灾一事，是朝廷一等大事，朕就交由王爱卿全权处置！

交代完任务，还不忘补充一句：王爱卿，你可要给朕办好啦，办不好，唯你是问！

王淮一听，蒙了，心想，这是怎么回事？昨天朝会上不是还说得好好的吗？说赈灾是重中之重的大事，由陛下您亲自主抓！一晚上怎么就变卦啦？

王淮下朝，走在回府的路上，心里闷闷不乐：陛下，您这是坑我啊！

新宰相遇到棘手事

事情很难办，王淮很痛苦！

王淮，虽然刚走马上任当宰相，却是官场的“老油条”。从政履历如下：

王淮，字季海，浙江婺州金华人。南宋绍兴十五年（1145 年）进士，授临海县尉，历任监察御史、右正言、太常少卿、中书舍人，后出知江州、建宁府，还担任过福建转运副使、两浙西路提刑，淳熙元年（1174 年）任翰林学士、知制诰。淳熙二年，任端明殿学士同知枢密院事，四年，任参知政事兼枢密院事，八年，任右宰相兼枢密院事。

30 多年的宦海沉浮，王淮经历过各式各样的官场风浪。但刚当上宰相，屁股还没坐热乎，浙东就暴发百年不遇的旱灾，这让王淮很郁闷。

王淮这人郁闷时，喜欢干一件事——找夫人何氏下象棋！

王淮的夫人何氏，出身婺州义乌的豪门何家，从小就聪慧过人，琴棋书画样样精通，更为难得的是何氏有过人的识人之术和运筹能力，是一个女诸葛式的人物。

金华的王家“四世一品”与义乌的何家可算门当户对，通过联姻，王淮娶了何氏为妻。婚后，二人夫妻恩爱，感情非常好。作为娱乐，两人经常在上床歇息前，先到书房整几盘棋，楚河汉界厮杀一番，厮杀过瘾了再上床。后来，王淮年岁渐高，加上官越当越大，事务繁多，王淮与夫人下棋的次数日渐稀少，只有在碰到烦心事了，王淮才会找夫人下棋，边下棋边给夫人说事。为什么找夫人说事呢？因为夫人头脑灵活点子多，是王淮生活上的贤内助、仕途上的“智多星”。一路走来，夫人帮了王淮不少忙，给他擦过不少工作上的“屁股”。

夫妻二人在书房坐定，摆棋对擂。

马走日，象飞田，炮打隔一子，车杀一溜烟……

王淮捏子在手，举棋不定。

何氏：相公，走棋啊！

王淮落子，但下错位置，错失一步好棋。

何氏见王淮心不在焉，伸手轻轻戳了戳王淮额头，笑问道：想什么呢？

王淮叹了一口气：唉，夫人你是不知，今天朝会上，圣上给了我个活，一个要人老命的活！

何氏：什么事？看把你难的！

王淮：圣上让我全权负责浙东赈灾，你说那么大的灾情，那么多的灾民，我怎么全权负责得了？

何氏听了顿了顿，应道：这事是有点棘手！

王淮：陛下还说，如果办不好这个差，要唯我是问！

何氏听了没有言语。

王淮自语道：我担心头上这顶乌纱帽还戴不戴得住啊，恐怕没戴热乎就要落地喽！

何氏突然下了一子，缓声说道：相公放心，本夫人保你乌纱帽稳稳当当地戴着！

王淮听了眼睛一亮，看着何氏问道：夫人有何妙计能化解我这天大难题？

何氏用棋子轻轻地敲着棋盘，悠悠说道：我的宰相大人，你忘了一个人！

王淮：谁？

何氏：朱熹！

王淮：此人不行！

何氏：为什么？

王淮：我和他不对路！

何氏：怎么不对路？

王淮：朱熹推行二程理学，我研究经世之学，道不同不相为谋！

何氏小声道：相公，这就是你的不是啦，正因为你跟朱熹不对路，你才更要推荐他去当这个赈灾大臣！

王淮不解地看着何氏：朱熹跟我不是一路人，你还让我推荐他当赈灾大臣？

王淮边说边伸手摸了摸何氏的额头：你脑子没烧坏吧！

何氏伸手架开王淮的手，说道：相公你听我的，让朱熹当这个赈灾大臣，于公于私，都是好事！

王淮把棋子一推，认真地看着何氏：愿闻其详，请夫人一一说来！

何氏拢了拢头发，小声说道：据说前段时间，朱熹在南康知军任上处事得法，带领南康百姓度过了灾荒，这说明在救灾赈灾方面，他有能力有经验。

王淮点了点头：这点我承认，朝廷正因为这事，要嘉奖朱熹，提拔他任直秘阁一职呢！可他没看上，推辞了好几回，要当翘尾巴羊，傲气得很！

何氏听了笑道：他推辞不是正合你意，不然他在朝中与你共事，就你俩的性子，不闹将起来才怪！

何氏止住笑，正色道：现在你推荐朱熹当赈灾大臣，让他到浙东赈灾帮朝廷救火，你俩各干各的，相安无事，你好他好朝廷好！

王淮听了想了想点头道：好像有道理！

何氏继续说道：朱熹是大学者，在你们所谓的学术圈子中声音大威望高，你不是也常说，他是理学界的代言人一呼百应吗？这次你推荐朱熹当赈灾大臣，他周围的那一帮子人，肯定觉得你为人大气做事无私，是个好宰相！

王淮听了赞道：夫人思考事情就是通透，可是，你就这么肯定朱熹会同意当这个赈灾大臣？你不是不知道，他可是个刺儿头，眼界高心气傲！

何氏摇了摇头：这次我敢断定朱熹一定会接这个差事！

王淮：何以见得？

何氏看着王淮：你们这些读书人，不是一天到晚喊着“为天地立心，为生民立命，为往圣继绝学，为万世开太平”吗？现在浙东数十万上百万灾民揭不开锅，嗷嗷待哺，正是你们“为天地立心，为生民立命”的好机会，我想朱熹是不会推辞的！

王淮听了不住地点头，起身走到何氏身后，边给她按摩边赞叹道：夫人一席话，点醒我这个梦中人啊！

第二天天没亮，王淮就穿戴整齐，坐上轿子打着灯笼上朝了。众人到齐，朝会开始。

孝宗赵昚端坐龙椅上望着王淮问道：王爱卿，浙东赈灾的事你想得如何啦？

王淮持笏上前，大声应道：臣斟酌再三，想到一人，只要他肯出马，定能办好这个差，为陛下分忧！

赵昚一听，从宝座上站起，惊喜问道：谁？

王淮：朱熹！

赵昚：朱熹？

王淮：是的，朱熹！

赵昚在殿上踱了两步，问道：说说理由！

王淮躬身答道：理由有二，其一，朱熹有赈灾经验，他此前在南康任职，当时曾发生特大旱灾，但在他操持下，灾民顺利渡过难关！

赵昚听了点头：这事我晓得，朱熹确实干得漂亮，第二呢？

王淮继续说道：其二，赈灾救荒需要各州县官员一丝不苟，恪尽职守，这个赈灾大臣，更是要雷厉风行、刚毅勇猛，而朱熹恰好具备这样的个性！

赵昚听了点头认可，众大臣也纷纷点头。

赵昚：拟旨，着朱熹任两浙东路常平茶盐公事，着力做好浙东赈灾事宜！

淳熙八年的春天

武夷山脉，蜿蜒千里，横跨闽、赣，是福建第一名山，其最高峰黄岗山号称华东第一峰。武夷山盛产好茶，这里出产的岩茶天下闻名，武夷山又是三教名山，自秦汉以来，就是羽流禅家栖息之地，留下了不少道观庵堂，同时儒家也在这里倡道讲学。千载儒释道，万古山水茶，说的就是这个地方。

淳熙八年（1181 年）的春天，朱子（朱熹）很高兴，原因有三：

一是在南康知军任上，他带领全郡百姓先后战胜了水灾和旱灾，全郡平安度过灾年。两年期满，即将罢职回闽，回到武夷山下的崇安五夫里。这里是朱子的成长之地，从南康荣归故里，朱子很高兴。

二是朱子推崇的社仓法得到朝廷认可，有望在全国推行。社仓法是怎么回事呢？社仓法起源于崇安，据记载，乾道四年（1168年）春夏之交，闽北建阳、崇安、浦城一带出现严重灾情，年成荒馑，饥民骚动。朱子当时正在五夫里祠禄养亲，也就是休假在家照顾母亲。当时的崇安知县诸葛廷瑞知道朱子很贤能，就上门邀请他会同乡贤刘如愚等人一起，共商救灾赈粜之事。朱子主张仿效古法，劝说当地的豪门大户，拿出仓中存粮，以平价的方式赈济灾民，同时上书建宁知府徐嘉，请求发放常平粮仓（官仓）的存粮，以应救灾急需。崇安知县诸葛廷瑞采纳了朱子的这一建议，果真凑效，一定程度缓解了灾情，当地百姓平安度过了灾年。

社仓法既解决了政府民生难题，又帮助百姓渡过了灾荒难关，这让朱子很欣慰。刚好这一年，朱子的母亲去世，按当时的规矩，他得在家丁忧三年。丁忧期间，朱子除了读书写字，还干了两件大事，一是修建了他人生的第一座书院——寒泉精舍，二是在家乡筹建了五夫里社仓，为建社仓他曾先后上书给继任建宁知府的王淮、沈度，争取获得他们的支持。

朱子在写给王淮的信中说：

> 天有不测之风云，今灾解，不可不料后复有前之事。粟偿之后，山民无益存之积，青黄不接之时，又要加倍息借贷于豪富。况官粟存仓，为法甚密，远水解不得近火，请予五夫建仓留赈，每年一赈一偿，又能易新以藏，实为一举二得之举。

在王淮、沈度的支持下，五夫社仓很快建成，效果明显。建宁府不少村庄争相仿效，相继建仓的还有光泽、顺昌等地。

这么好的惠民措施，是朱子在借鉴前人历史经验后创新而来，而且在南康灾荒中得以验证，帮助南康数十万百姓度过了灾年，这种巨大成功后的喜悦，不是每个人都有机会感受的。

第三个让朱子高兴的原因与陆九渊有关。

陆九渊这个人对朱子来说，是老对手又是老朋友。他是南宋哲学家，陆王心学的代表人物，因讲学于象山书院，人称“象山先生”。陆九渊这人一向学习成绩不错，是南宋孝宗乾道八年（1172年）的进士。

陆九渊虽是一介书生，但他不仅能写诗填词，还一心想拿枪冲锋陷阵！他年轻时遍访勇士，喜欢跟人商议恢复大略，什么意思呢？就是说，陆九渊这个人是主战派，喜欢跟人讨论北伐，跟同时代的辛弃疾、陆游一样，天天想着“王师北定中原日”，早日实现南北统一。

朱、陆二人都是学术大家，朱子研究理学，认为万事万物都得“循天理”，而陆九渊则推崇“心学”认为“心即理”，主张“宇宙便是吾心，吾心即是宇宙”。两人在学术的研究方向上不同。

但朱、陆两人此时还互不相识，只是在学术江湖中，流传着彼此的传说。陆九渊多次表达了想认识朱子、好好与朱子交流交流思想的愿望，而朱子也对陆九渊的一些观点心存疑惑，很想找机会与他面对面说道说道。朱子和陆九渊有个共同的朋友叫吕祖谦，这人也是个学术大家，他在与朱、陆二人通信过程中，从字里行间，明白了二人的心愿，于是主动当起了召集人。写信问朱、陆二人，我想搞个活动，举办一场纯粹的思想集会，邀请你们二人任主讲，怎么样？朱、陆二人一听，爽快地答应了。吕祖谦这个人很公道，陆九渊在金溪，朱子在五夫，他把集会的地点选在了信州的鹅湖书院，正好在五夫和金溪的正中间，谁也没意见。淳熙二年（1175年）的春夏之际，经过数个月的筹备，各自邀约了一帮学术圈好友，相约赶往鹅湖书院，五月二十八日，双方人员到齐，于是辩论正式开场。

陆九渊以“尊德性”为重，关注人的道德内省，以此建立学问的根本，而朱子以“道问学”为主，讲究“格物究理”，通过多读圣贤书、多思考人事、多思考天地，最终以印证“天理”。

到底是由格物致知走上圣贤之道，还是由明心见性走上圣贤之路，这是一个大问题，朱子和陆九渊双方谁也说服不了谁，于是，在友谊第一辩论第二的活动原则下，朱、陆二人拉开架式进行了长达一个礼拜的辩论，史称“鹅湖之会”。

朱子与陆九渊在鹅湖辩论完，双方都觉得自己赢了，于是各自带着人回家。大家都以为，这次辩论，朱、陆二人刚一见面，没有一点友谊基础，就针锋相对地争论学术上的是非问题，闹得这么僵，可能成不了朋友。但没曾想，两人惺惺相惜，后来成了挚友。

就在朱子南康知军期满，即将罢职回乡前夕，陆九渊专程从老家金溪赶到庐山脚下的南康拜访朱子，请朱子帮他做一件事，什么事？原来是他的兄长陆九龄去世时，陆九渊请吕祖谦为哥哥写了一篇墓志铭，陆九渊很欣赏朱子的一手好字，于是，就带着这篇墓志铭找到朱子，想请他手书一遍，然后再让工匠刻上石碑，朱子爽快地答应了。

手书完墓志铭，朱子也请陆九渊帮助做一件事，那就是请他到自己辖区内的一所书院——白鹿洞书院给学生讲堂课，陆九渊同样也是爽快地答应了。

白鹿洞书院，位于江西省九江市庐山五老峰上，原是唐代洛阳人李渤年轻时隐居求学之地。李渤这人很好玩，不仅喜欢隐居躲在山洞里，还喜欢养宠物，在五老峰上，他养了一头白鹿，没事时就牵着白鹿走亲访友，这头白鹿也确实听话，能帮主人传递信件和物品，世人奇之，皆称李渤为白鹿先生，称李渤隐居的洞为白鹿洞。

后来，历史进入五代十国，这是一个大混乱大分裂时期，一伙又一伙地痞流氓火拼角逐，兵燹不断，严重影响了当时的社会经济和教育事业。城市没法安放书桌，那就往山上跑，这样一来，跑到山上读书的人越来越多，李渤留下的白鹿洞远近闻名，于是大家就相约聚在洞里研讨学问，交流心得。这个洞就成了当地方圆数百里第一所学校，后来到了宋仁宗时期，改称“白鹿洞书堂”，与当时的岳麓书院、应天府书院、嵩阳书院并称天下“四大书院”。再后来，碰到大饥荒，读书人少了，这里又荒废了。南宋淳熙六年（1179年），朱子知南康军，他上山寻访书院遗址，并带领下属官员，亲力亲为，修复白鹿洞书院。朱子自任洞主，出台文件，为书院划拨田产，延聘教师、招收学生。朱子亲自制定《白鹿洞书院揭示》又称《白鹿洞书院教规》，一心筹划着让书院重现往日荣光。

淳熙八年（1181年）二月二十日，乍暖还寒，朱子陪着陆九渊来到了白鹿洞书院。朱子指着院门对陆九渊说：“以期得一言以警学者！”朱子的意思是：请陆九渊到台上给这里的学子说几句！

陆九渊也不客气，直接登台开讲。他这次讲的主题是什么呢？他以“君子喻于义，小人喻于利”为题，阐述君子与小人的区别。

这是一次非常成功的讲演，陆九渊学识渊博，讲演过程中，由古及今，针砭时弊，可谓是酣畅淋漓，说到可恨处，陆九渊在台上声色俱厉，台下学生也是群情激愤；说到可喜处，陆九渊说得和颜悦色，学生听得如沐春风。

陆九渊这个人跟众多学术大家不一样，他喜欢立说，但不看重著书，很少撰文章。有人就提醒他：您是学术大师，不著书以留后世，太可惜了！陆九渊笑笑反问道：孔夫子当年写书了吗？你现在不是照样可以读到他的《论语》？

在陆九渊看来，你的学术你的思想能不能留存后世，不在于你有没有写书，而在于你的话在不在理？你的思想能不能经得起时间的检验！

陆九渊这话说得好，他觉得学校里的老师、教授，第一要紧的事就是努力备好课讲好课，不要动不动就搞项目出书编书，要么人云亦云拾人牙慧，要么东拼西凑不知所云，甚至有人自己本来三观就不正，却偏要留些歪理在人间。那不是立说，那是造孽！

陆九渊在台上讲得眉飞色舞，朱子在一旁听得频频点头，等陆九渊讲完走下讲台，朱子拦住了他。

陆九渊：元晦（朱熹，字元晦）兄，你要干什么？

朱子把手一伸：象山（因讲学于象山书院，被称为“象山先生”）贤弟，把讲义给我！

陆九渊：没讲义！

朱子：那就到我办公室现场写！

陆九渊：我，你是知道的，向来只说，不写！

朱子：没关系，你说，我写！

陆九渊：写来干什么？

朱子：你刚才说得太好了，我要把你的话，刻在石头上，永远立在白鹿洞书院！

陆九渊指着朱子哈哈一笑：好你个元晦兄，你就不怕我的歪理邪说压过你的正宗理学？

朱子笑道：笑话，怕你我就不让你走进这个白鹿洞了！

陆九渊伸手竖起拇指：元晦兄，就冲你这容人的肚量，我就破例写几句留在白鹿洞。

二人在书院相聚数日，朱子陪着陆九渊游览庐山风光，探讨学术问题。那是一段令人难忘的日子，一段可载入文坛的佳话。

一个月后，朱子罢职南康，四月十九日回到了故乡五夫里，回到了常常出现在他梦里的紫阳楼。

烫手山芋接不接

听到朱子回到五夫里，他在闽北的朋友、弟子纷纷赶来相聚，建阳麻沙的蔡元定带着几个儿子来了，家住福州的黄榦来了……

好友相聚，甚是高兴，朱子带着大家一起畅游武夷山。登临天游，泛筏九曲，一线观天，云窝看云。携三五好友，煮一壶清茶，徜徉山水之间……孔子喜欢做的事，朱子也很喜欢。

赋闲五夫里，朱子并没有真的闲着，除了接待朋友、门生，他恢复了中断数年的著述生活，专心修订整理《四书章句集注》《通鉴纲目》等旧稿。

三个月后，也就是淳熙八年（1181 年）的仲夏时节，朱子收到了朝廷送来的诏书——除直秘阁。直秘阁是干什么的？这是宋代官名，主要负责秘阁藏书事务，简称直秘，多以京朝官充任，可以不经考试而直接任命，以示尊宠。在很多人眼里，这是个难得的好差事。

朝廷让朱子除直秘阁，就是让朱子担任直秘阁，为什么给他？推荐理由是朱子在南康干得不错，朝廷很敬重他，特意把这个又轻闲又尊贵的位置留给他。

送诏书的人说：朱大人，快领旨谢恩吧！

朱子谢恩不接旨，因为他不想干直秘阁，他当即上表请辞！

孝宗赵眘拿到朱子的辞表，想了想：朱熹，这是朝廷对你的提拔与看重，你不能请辞！

马上又让人把诏书三百里加急，送回到崇安五夫里。

朱子接到诏书，再次请辞：陛下，我真不干，直秘阁太闲了，我待不住！

在这封请辞表中，朱子加了一段话，大意是：臣在南康赈灾，本就是我作为地方官的职责所在，不值得提拔，但有一些人，他们在赈灾过程中出钱出力，陛下您当初说过要赏他们的，您一定要说到做到。如今灾荒已过，是朝廷兑现承诺的时候了！

“让你当”，“我不当”，双方推来推去，时间一晃就到了夏末秋初。这时，浙东大面积暴发了旱灾。历史就这么好玩，五年前，王淮在建宁当知府，朱子写信请他支持开办五夫社仓，他二话不说当即拨钱支持，五年过去了，朱子罢辞直秘阁，而王淮走马上任当上了南宋王朝的宰相，成为一人之下万人之上的百官之首。

这次，王淮经夫人何氏点拨，力荐朱子担任赈灾大臣。宋孝宗同意了王淮的建议，他说，既然朱熹一直不肯就任直秘阁，觉得直秘阁太闲了，那好，就让他到浙东赈灾去。给个什么具体职务呢？那就提举两浙东路常平茶盐公事吧！

提举两浙东路常平茶盐公事，简称浙东提举。提举在宋代指主管专门事务的职官，与转运司、提刑司、经略司并称监司，为路级机构。提举两浙东路常平茶盐公事，这个职务官大不大，能干些什么事？据了解，这个职位的基本职能就是掌茶盐之利，以充国库；主钞引之法，考核、赏罚茶官；另外就是纠劾各种违法行为及考核、奏劾、荐举州县的地方官员。这个官职表面看上去权力好像很大，可以考核、督察、奏劾和举荐地方官员，为什么说表面看上去大呢？因为这个官职中没有惩罚和罢免权，没这两个实权，什么考核、奏劾都是空的。而处罚权、罢免权在谁手上呢？在朝廷（宰相）手上。

朱子在五夫里接连上表推辞了朝廷给他的直秘阁职位，他想趁此赋闲机会，好好思考一些学术问题，早点完成倾注一腔心血的

《四书章句集注》。这边辞直秘阁的辞表刚递发出去，朝廷任命他为浙东常平茶盐公事的诏书就到了。

传诏官宣读孝宗旨意，朱子跪接诏书。

朱子接过诏书一看，什么？陛下要我任浙东提举？

朱子看着传诏官员问道：你确认没跑错地方？这里可是武夷山下五夫里！

传诏官：没错，陛下任命的就是您，上面写得很清楚，朱熹朱大人！

朱子：陛下不是一直要我当直秘阁吗？怎么又让我到浙东？

传诏官：朱大人，您还不知吧，您这个浙东提举，可是当朝宰相王淮王大人全力举荐的啊！

朱子一惊：王淮？王大人举荐我?!

传诏官：是啊，王大人在朝会上推荐您时，您可是全票通过啊！

朱子捧着诏书，苦笑着摇了摇头。

送走传诏官，朱子和蔡元定回到书房坐下。

蔡元定向朱子贺喜：恭喜老师！

朱子看着蔡元定：季通，你真觉得这是件可贺之事？

蔡元定不再言语。

朱子拿着诏书，摇了摇头：这哪是好事呀？这分明就是一个滚烫山芋啊！

蔡元定点了点头：王淮大人怎么会想到举荐老师您来担任这个职务？

朱子没有言语，静静地思考着。他想起五年前，自己创办五夫社仓时，王淮对自己的帮助和支持，眼前浮现的全是王淮为推行社仓奔走的身影。

朱子叹了口气，缓缓道：自从他离开建宁府后，我们之间的联系就越来越少，他奉行他的经世之学，我研究我的二程理学，这些年，虽然彼此不曾谋面，但学术门派间，暗中角力断然是少不了的。

蔡元定点了点头：王大人这次让您往浙东赈灾，他是把你往火坑推啊，您若赈灾成功，那他王淮举荐有功，您若赈灾失败，那你一世英名扫地啊！

朱子指了指下了半局的围棋说道：宰相大人棋局已经摆好，我能怎么办？

蔡元定：王大人棋局摆得再好，但咱不配合，不和他玩，看他能把咱几何？

朱子坐在椅子上，沉默良久，然后自语说道：天下国家之大务，莫大于恤民啊！

直奔临安

都城临安，宰相府内，王淮两口子又下起了象棋。

王淮：诏书已经发出去半个月了，朱熹怎么还没动身前往浙东啊？他不会抗旨不遵吧？

何氏：放心吧，朱熹他一定会去浙东的，你就再耐心等两天吧！

王淮：夫人何以如此肯定？朱熹可不傻啊！

何氏：你忘了，儒家讲究仁，救灾民于水火，这是最大的仁！这次，朱熹一定接旨！

武夷山下，崇安五夫里，金秋时节，丹桂飘香。紫阳楼外半亩方塘，残荷兀立，草叶渐黄。

朱子和弟子黄榦坐于塘边小亭内，两人品茶聊天。

朱子：思来想去，王淮大人送给我的这个烫手山芋我还是得接！

黄榦：老师，为什么？

朱子：你我学的都是孔孟之道，现在浙东无数百姓有难，既然朝廷把这副担子交给了我，我就不能坐视不管啊！

黄榦：但赈灾这事说来容易做起来难啊！去浙东就好比上虎山啊！

朱子：是虎山为师也得上啊，这些天，我想了很多，在赈灾方面我还是有些心得的，另外，我也想乘此机会，在浙东各地进一步推行社仓法。

黄榦：老师，这次浙东之行，就让我陪你前往吧！

朱子看着黄榦，点了点头：好吧。

黄榦：老师，您准备什么时候动身？

朱子：不急，我虽然接了这趟差事，但我得向陛下提个要求！

黄榦不解地看着朱子。

朱子继续说道：我已向朝廷写了奏折，希望在赴浙东前先到临安，我要当面向陛下奏事！

十月二十八日，朝廷批准了朱子赴临安奏事的请求，同时批准的，还有朱子在第三次辞表中提到的请朝廷给南康赈灾有功人员兑现奖赏的请求。

第二章　延和奏札

朱子收到堂贴（宰相签发的文书）很高兴，带着弟子黄榦择日启程，前往临安。

得知朱子即日启程，建阳麻沙的蔡元定带着儿子蔡沉前来送行。

蔡元定：老师，此次浙东之行，事务繁杂，想必少不了舟车劳顿，弟子想让沉儿陪您同行，沉儿现已十五周岁，希望您多带带他！

朱子：我已让直卿（黄榦字直卿）陪我前去了，沉儿正在求学，就不必去了，免得耽搁了学业。

蔡元定：古人说得好，读万卷书行万里路，了解民情也是另一种学习啊，您就让沉儿陪着去浙东吧。

蔡沉也期盼地看着朱子：师公，您就让我去嘛，我年轻力壮，可以给您背行李，如您走累了，还可以背着您走！

朱子拍了拍蔡沉的肩膀，笑道：我还走得动，用不着你背，行，既然你想去，就一起去吧，给你直卿哥哥做个伴。

蔡沉听了，高兴地一跃而起：太好了，浙东，我来啦！

大家听了哈哈一笑。

淳熙八年（1181 年）十一月二日，三人背上行李从五夫里出发，直奔临安。

朱子之所以坚持在出任浙东提举之前到临安一趟，因为他深知这次赈灾责任重大，赈灾成功与否，关键在一个人。谁？宋孝宗赵眘！

延和殿面圣

朱子三人风尘仆仆地赶路，十一月二十六日，终于到达了京城临安。

听说朱子来了，孝宗赵眘很高兴，嚷嚷着要马上接见，皇后提醒说，天色已晚，人家朱子旅途劳顿，让他歇口气养足精神，你们再君臣相见不是更好吗？赵眘一想，也对，于是推到第二天接见朱子。

淳熙八年十一月二十七日，孝宗赵眘在刚刚竣工的延和殿正式接见朱子。君臣相见，刚开始气氛很融洽。你好我好大家好问候之后，两人的谈话很快切入正题。这次朱子是专程前来向孝宗奏事的，案头工作准备得很充分，所以一番客套之后，朱子马上拿出一包材料呈到了赵眘面前。

赵眘：朱爱卿，这是武夷茶吧？这么大包，你来就来吧还带什么土特产！

朱子摇摇头：陛下，这不是茶，这是臣精心撰写的七道奏札！

赵眘：七道？这么多啊，你容我带回去慢慢看吧。

朱子：不行啊，请陛下您马上看！

赵眘：不要急嘛，来，先喝杯茶！

朱子：臣不渴！

赵眘从果盘中抓了一把花生递向朱子：那吃把花生吧。

朱子：臣不吃！

赵眘：这花生，香着呢，你吃几个吧！

朱子：真不吃，臣牙龈上火！

赵昚望着朱子，握着花生的手停在半空中，气氛有点尴尬。

赵昚伸手掂了掂朱子递上的奏札，有些为难地道：这么多，你叫朕一时半会怎么看得完？朱爱卿，你总得给朕一点时间对不对？

朱子：没关系，臣在这儿陪着陛下！

孝宗赵昚没办法，只得打开奏札。

奏札一叠七份，史称《辛丑延和奏札》。其中第一札和第二札与其他几札分开，而且字迹也不同，因为这两札事关重大，朱子觉得不便为外人知道，所以亲手抄写。其余几札由弟子黄榦抄写。

第一份奏札朱子先从天气说起。他说陛下，您难道没觉得今年的天气很反常吗？您看，再过几天就是腊月了，可天气却暖烘烘的，这几天，我在来临安的路上，竟然听到了轰隆隆的雷声。冬雷阵阵这不是什么好兆头啊！新的一年就要来了，都说新年新气象，您作为陛下，是不是应该好好反思一下天道反常的原因呢？然后，朱子把一连串的问号扔给了赵昚。

德之崇者，有未至于天欤？

业之广者，有未及于地欤？

政之大者，有未举而其小者无所系欤？

刑之远者，或不当而其近者或幸免欤？

君子或有未用而小人或有未去欤？

大臣或失其职而贱者或窃其柄欤？

直谅之言罕闻而谄谀者众欤？

德义之风未着污贱者骋欤？

货赂或上流而恩泽不下究欤？

责人或已详而反躬有未至欤？

夫必有是数者然后足以召灾而致异！

……

——朱熹《辛丑延和奏札》节选

朱子抛出的这一连串问句什么意思？意思是：现在天道异常，都是陛下您的错！您平日跟一群阿谀奉承之人打成一片，听谗拒谏、文过饰非，你必须反省！

赵昚看完第一札，望着朱子小声辩驳道：朕见灾恐惧，未尝不一日三省吾身！

赵昚说，朱爱卿啊，你可是冤枉我啦，谁说我不怕天道异常啊，我怕得要死，我一天到晚都在反省自己，就盼着老天风调雨顺，让我大宋平平安安啊！

朱子指了指第二札：陛下，请您再看看第二札！

赵昚打开第二札，朱子是这样写的：

陛下即政之初，盖尝选建英豪，任以政事，不幸其间不能尽得其人，是以不复广求贤哲，而姑取软熟易制之人以充其位。于是左右私亵使令之贱，始得以奉燕间，备驱使，而宰相之权日轻……陛下既未能循天理、公圣心，以正朝廷之大体，则固已失其本矣……重者既挟其重，以窃陛下之权，轻者又借力于所重，以为窃位固宠之计。日往月来，浸淫耗蚀，使陛下之德业日隳，纲纪日坏，邪佞充塞，货赂公行，兵愁民怨，盗贼间作，灾异数见，饥馑荐臻。群小相挺，人人皆得满其所欲，惟有陛下了无所得，而顾乃独受其弊。

……

——朱熹《辛丑延和奏札》节选

赵昚本想从第二札中寻求一些安慰，可是一看，更不得了，这老头不仅没半句安慰的话，还说自己的顶层设计、管理制度都有问题。

朱子认为，现在国家搞成这个样子，是赵昚君心不正，犯了错误而且是大错误。朱子认为赵昚得改，他要求赵昚正君心、远小人、用贤者！

这两札，赵昚看得战战兢兢，浑身是汗！

赵昚这个人脑子很灵活，他知道朱子性子犟，自己虽然贵为天子，但不能跟他对着干，怎么办？不能老由着你朱熹骂我呀，那就转移话题吧，你说我有错就有错吧，我不反驳啦，我们来谈下一个问题。谈什么呢？就谈赈灾吧。

于是，赵昚话锋一转：朱爱卿啊，浙东连年饥歉，朕甚以为忧。州县检放，多是不实！

翻译成今天的话说就是：这些年浙东这地方连年闹灾荒，我真的很担心啊，我也知道，关于州县赋税的减免政策，很多地方都没有落到实处！

朱子听了点头认可，说道：灾情紧急可以多动员老百姓积极开展自救，对于有突出贡献者，朝廷事后可以多加封赏！

赵昚一听，朱熹被自己成功带入新话题，心里很高兴，只要你朱熹不再骂我，什么事都好商量！

赵昚听了朱子的话点头应道：至此，朕也爱惜名器不得！行，就按你说的办，重赏他们！

朱子听了，很欣慰，看来刚才骂你没白骂。

朱子说：陛下，赈灾光赏还不行，朝廷还得拨赐米粮。

赵昚大手一挥：朕并无所惜！

朱子见赵昚如此爽快，于是大起胆子，再提一要求，请求免除受灾地区第二年的身丁钱。

赵昚又是满口答应：朕方欲如此宽恤！

翻译过来就是：哎呀，朱爱卿，太巧啦，你提的这个免税补恤问题，正是我目前在筹办和落实的事！

君臣不谋而合，想到一块啦，会见进行到这里，气氛又再次变得融洽起来。君臣二人又友好地喝茶、吃花生。

朱子拿起第四札给赵昚介绍道：陛下，这是臣在仿效古法基础上，创建的社仓法，如果能将此法推行开来，那将会大济苍生！

赵昚接过札子翻了翻：哟，有这么好？朱爱卿，那你快说说，怎么个操作法？

朱子说，其实很简单，只要朝廷颁布一个文件，要求州县衙门在丰年，由财政出钱，用较低的价格把粮食收购进来，储藏在仓库里，碰到灾荒之年百姓没饭吃的时候，官府用适当的价格甚至免费把仓里的粮食赈济灾民，帮他们度过饥荒争取来年恢复生产，有了社仓，就可以有效避免豪门劣绅们丰年闭粜不收粮，灾年高价开仓卖米盘剥百姓的社会不公现象。

朱子看着赵昚，动情说道：臣之所以一心推行社仓法，就是想给我们大宋百姓一个生活保障啊！

赵昚听了很高兴：朱爱卿呀，让你费心啦，这是大好事啊，朕支持你，你放手去干吧，朕即刻下诏，让你的社仓法在全国各路推行！

赐我一把尚方剑

赵昚说着突然停了下来，拍了一下自己的脑袋，想起了正事。这次自己找朱熹谈话是为了嘛？是要让朱熹去浙东赈灾防止民乱啊。

说了半天，我被你朱熹批评得一无是处，你赈灾到底行不行啊？出发前，我得考考你！

于是赵昚问道：对了，朱爱卿啊，这次浙东之行你可是任重道远啊，你都有哪些打算，能不能说来听听？

朱子从一推札子里找了找，找出第三札递给赵昚说道：陛下，臣已把赈灾方案写在上面了，臣想了很多措施，但如果没有陛下您的支持，臣想再多都没用！

赵昚睁大眼睛细看札子，只见朱熹写道：

> 救荒之政，全在官吏遵奉推行，然后民被实惠。……欲乞圣慈特降指挥，戒敕本路守令以下，令其究心奉行，悉意推广。其故有违慢不虔之人，俾臣奏劾一二，重作施行，以警其余。其有老病昏愚、不堪驱策者，亦许具名闻奏，别与差遣。却选木路官吏恻怛爱民、才力可仗者，特许不拘文法，时暂差权。……事毕，具名申奏，量与推赏……
>
> ——朱熹《辛丑延和奏札》节选

这就是朱子的赈灾构想。朱子不仅重视赈灾之“方法”，更重视赈灾之“人才”。朱子清楚：措施再好，没有人去推行去落实，都等于零！所以，这次他之所以迟迟没有到浙东赴任，两个原因，一个就是来提醒提醒孝宗赵昚，你当皇帝一定要正君心；第二个就是来向赵昚要这次浙东之行的“尚方宝剑”！

赵昚看完朱子的赈灾方案，抬头问朱子：需要朕帮你干点什么？

朱子要的就是这句话，他看着孝宗说道：陛下，您这次让臣当这个浙东提举，您也知道，这个职位并不高，就是管管粮食、茶盐，平抑物价打击一些不法商人，您让我监察和弹劾州县官员，我怕办不好这趟差事……

赵昚听朱子喋喋不休地说着，一挥手打断朱子的话：朱爱卿，你需要朕做什么你就直说吧，你我君臣就不用绕圈子啦。

朱子听了很高兴：谢陛下，臣想请陛下您答应我一个请求！

赵昚：什么请求？

朱子：一旦臣在浙东查出官员舞弊之事，给您递奏劾的状子，希望您一定要及时给臣一个回复，及时处置涉案的官员，这样我才好在浙东开展工作！

赵昚低头想了想：行，就依你！你放手去干，谁不作为不守法你告诉我，我来收拾他！

朱子向赵昚叩拜：谢陛下隆恩！

君臣依依惜别，这次见圣上，朱子很满意！

第三章　巡视浙东

走出延和殿，冬日的阳光暖烘烘地照在朱子身上，此时的朱子心里也暖烘烘的。他虽然没有拿到真正的尚方宝剑，但是得到了孝宗赵昚的口头承诺，他觉得这次临安之行很有意义。

回到驿馆，朱子收到了一封来自绍兴山阴的信。一看寄件人，是好朋友陆游陆放翁。陆游这人很有意思，喜欢以诗言事。据说有一天，他看到自己的前妻唐婉跟人在一起游园，很想上前打招呼，可是又不好意思，毕竟当年是自己昧着良心休了人家，于是写了一首词留墙上：

红酥手，黄縢酒，满城春色宫墙柳。东风恶，欢情薄，一怀愁绪，几年离索。错，错，错！

春如旧，人空瘦，泪痕红浥鲛绡透。桃花落，闲池阁，山盟虽在，锦书难托。莫，莫，莫！

——陆游《钗头凤》

后来，唐婉看到了这首词，感慨万千，心痛不已，亦提笔回词一首。

世情薄，人情恶，雨送黄昏花易落。晓风干，泪痕残，欲笺心事，独语斜阑。难，难，难！

人成各，今非昨，病魂常似秋千索。角声寒，夜阑珊，怕人寻问，咽泪装欢。瞒，瞒，瞒！

——唐婉《钗头凤》

唐婉回到家里，想起自己跟陆游幼时青梅竹马，婚后相亲相爱的美好时光，可是哪想造化弄人，自己命不好，碰上个蛮不讲理的婆婆硬要棒打鸳鸯，越想越伤心，犯了心疾，不久就去世了。

放手，也是爱，不知是陆游不懂这个道理还是真的放不下唐婉？休了别人后还硬在那里“错错错”“莫莫莫”地叽歪个不停，弄得唐婉妹妹相思成疾，英年早逝。

陆游这人跟前妻是这样，以诗词说事，跟好朋友朱子也一样，喜欢以诗说事。

朱子当时收到陆游的信，打开一看，是首诗。

市聚萧条极，村墟冻馁稠。
劝分无积粟，告籴未通流。
民望甚饥渴，公行胡滞留？
征科得宽否？尚及麦禾秋。

——陆游《寄朱元晦提举》

陆游这首诗的大意是：绍兴乡镇和集市现在是一派萧条，农村挨饿受冻的人太多了，数都数不过来，当地官府又不积极救灾赈灾，老百姓天天盼望着您这个提举大人早点来啊，我想问问你，是不是被什么事耽搁了，为何迟迟不动身呢？

朱子看完信，笑道：好你个陆放翁，自己躲在山阴享清闲，倒催起我来啦！行，你不是说绍兴遭灾多么严重吗，我第一站就到你绍兴看看。

第一站：绍兴府

淳熙八年（1181 年）腊月，朱子轻车简从，带着弟子黄榦、蔡沉及若干随从，开始了他的第一次赈灾巡视。

这次巡视的范围很广，主要有绍兴、婺州、衢州等数个州府，巡视时间也比较长，将近两个月。按照朱子的估算，浙东赈灾最少也要两百万缗的钱款，但朝廷（户部）没有答应，只同意先领南库钱三十万缗作为救灾款。缗为古代穿铜钱用的绳子，一缗钱为一千文铜钱也叫一贯钱，一贯钱可兑换一两银子。三十万缗就相当于 30 万两银子。朱子说这点钱太少了，户部说，就这些了，你先拿着，等用完了你再打报告吧！没办法，那就先拿着吧，有点总比没有好，朱子带着三十万缗赈灾款出发了。

绍兴，浙江省下辖的一个地级市。绍兴有人居住的历史可上溯到新石器时代中期，至今已有约 9000 多年的历史了。公元前 490 年，越国建都于此，称越州。后来，靖康之变，北方沦陷，宋高宗赵构定都临安，取“绍奕世之宏休，兴百年之丕绪”这句话的开头两字赠予越州，越州从此改名绍兴，升为绍兴府。绍兴东连宁波，南临台州、金华，西接临安，北隔钱塘与嘉兴相望，交通便利，自古就是难得的富庶之乡。

寒冬腊月眼看就要过年了，朱子一行人匆匆行进在前往绍兴城的路上，作为富庶之乡的绍兴，在 1181 年的冬天，这里却是另一番景象。朱子一路走来，不断看到有灾民过境，一个个衣衫褴褛，食不果腹。行至绍兴府山阴、会稽时，灾民听闻新任的浙东提举朱大人到了，纷纷组团前来拦路申诉。

他们申诉什么？主要表达一个意思，灾害发生后，官府不调查、不核实、不组织救灾。一句话，绍兴府官员不作为！

朱子这人有个优点，一向平易近人，喜欢跟人聊天，不管什么人，他都能搭上话，按现在的话说，就是很有亲和力。一路过来，朱子通过灾民的嘴，把绍兴的灾情了解了个大概：绍兴八邑中余姚、上虞受灾五分，新昌、山阴、会稽受灾八分，嵊县受灾九分，而萧山、诸暨两地最为严重，几乎是颗粒无收。

朱子立刻给孝宗皇帝上疏，描述了他看到的灾荒惨景和灾民反映的情况。朱子写道：自入秋以来，百姓卖田拆屋，砍伐自家山林，甚至卖妻卖子卖耕牛，而且根本不问价格，只要能够出手就行。有人想把家里值钱的东西当了，可是当铺没有钱收当；有人想借钱度荒，可是有钱人如今也拿不出钱；工匠的手艺无处可用，商贩手里没货可卖。河里鱼虾被捕尽，地里的野菜被连根拔起。臣估算了一下，整个浙东有上百万的百姓饥寒交迫、朝不保夕。他们呼号着到处流浪，扶老携幼，成群结队。这种惨状，谁见了都会感到心痛啊！

天灾，让绍兴百姓很痛苦，而“人祸”则让人更气愤。这些年，浙东一带连年闹灾荒，当地官员已经麻木，早已不把抗旱赈灾当回事了。民不报则官不管，有上报了，官员们也是做点表面文章、敷衍了事。州县上下逐渐开启了一种心照不宣的冷酷模式，大家都把赈灾停留在口头上，不管灾民的死活，更有甚者，有的地方官员为省事，发生了灾情也不报，明明是严重灾情，却只报小灾。长期以来，谎报或者不报灾情的现象频频发生。

只要接地气就能出活儿！朱子一路走来，边走边看边访问，很快就发现了一批腐败渎职官员。一起来看看，都有谁？

对移贾都监

朱子在巡视中发现，由于贪官污吏和豪强恶霸作祟，尽管钱粮不断下拨，但是乡间依然处处饥殍相望，有的一村断炊，有的全家无粮。他发现自己先前的赈荒措施，在这里几乎没有一条能得到顺利施行。

朱子每到一处，马上召集耆老、保长、乡官前来问话，要求他们重新核实登记受灾田亩和人数，对绍兴城五厢缺粮的百姓及逃荒过来的灾民及时开展赈济活动。厢是古代城区名称，在城曰坊，近城曰厢。

朱子办事很有章程和步骤，他交代主事官员，一定要先行救治患病者、饥困者以及妇女儿童。

城内的寺院成了临时赈灾点，在朱子的发动下，部分地方官员和城内的大户、富户筹建起了赈灾点和施粥处。有的负责支拨赈灾款项登记，有的负责买米买菜买柴薪，有的负责发放衣裤，有的医务人员负责看病配药，还有的负责煮粥分粥……原本一片凄凉的绍兴城，由于朱子的到来，渐渐有了生机和活力。

朱子在绍兴城，仍然喜欢找人聊天，来自第一城厢的马老四被人搀扶着到了朱子帐前，老马已经好几天没进食了，身体羸弱，刚坐下还没问话就昏倒了。朱子当即让人端来米汤亲自灌喂，不一会儿，老马醒了，得知正在给自己喂食的竟是浙东提举朱大人，顿时悲从心起，泣不成声。

朱子看着老泪纵横的马老四，安慰道：大兄弟，没事，一切都会过去的，你们遭灾了受苦了，请相信衙门相信朝廷，一定会帮助大家，带领大家走出困境，重建家园的！

朱子还在激动地说着鼓劲的话，马老四看着朱子摇了摇头：朱大人，您是不知道啊，我们这一带大面积遭灾，有的村庄是颗粒无收啊，我们断粮好几个月了。老朽一家八口，已经饿死病死五口了，现在只剩下我和两个小孙子还在，朱大人，您知道吗？在绍兴，像我这样的人家那是不计其数啊！

朱子问马老四：如此灾情，怎么没人上报，难道衙门没人管吗？

马老四：州衙是派了人来，但有名无实，只是在城区显眼处贴几张告示了事，没人过问受灾情况，也没人统计灾民户数，谁也不管灾民死活。

朱子有些生气：马兄弟，你知道具体负责这个片区赈灾的官员是谁吗？

马老四点了点头：知道啊，就是我们绍兴府兵马都监贾祐之贾大人啊！

朱子起身走到案桌前，放下手中的汤碗，一挥手：给本官带绍兴府兵马都监贾祐之前来问话！

很快贾都监被带到。

贾祐之见到朱子，一拱手：朱大人，您好呀，您远道而来，下官未曾远迎，失礼失礼！

朱子一拱手：贾都监客气啦！本官今天请你来，是想了解一下你辖区受灾情况和赈灾措施，贾都监请说来听听！

贾祐之一拱手说道：这些年我们绍兴是不太好，偶有水旱之灾，但据我所知，都不大，没有造成太大影响！

朱子：哦，那请贾都监具体说说吧？

贾祐之反问：朱大人要我说什么？

朱子：比如受灾面积、灾民人数、稻谷收成等，你说来我听听！

贾祐之：这个……这个……下官正在统计之中，容下官日后禀报，朱大人，你看行吗？

朱子看了看贾都监，强忍怒火继续问道：那请你说说这段时间采取的救灾赈灾措施吧，这些贾都监总该知道吧！

贾祐之低头：这个……这个……赈灾事宜，下官也在筹办当中。

朱子拿起案桌上的镇纸一拍，指了指斜躺一旁的马老四，对贾都监厉声道：好你个贾都监，人都饿死无数了，你还在筹办中，作为朝廷指派勘察灾情的官员，你却一问三不知，你不觉得问心有愧吗?!

贾祐之低头道：下官也知道绍兴灾情有点大，但地方这么大，我手上缺人手缺钱粮，你叫我怎么赈灾救灾！

朱子：那你可以详细勘察灾情，据实奏报朝廷啊，可你呢，你奏报了吗？

贾祐之低头不语。

朱子愤然道：这是你分内之事，你为什么不做？

贾祐之小声道：现在衙门里，朱大人您自己看看，从上到下，谁不是睁一只眼闭一只眼，多一事不如少一事！

朱子：可救灾赈灾，这是关系到大宋子民生死存活的事，你们也敢睁一只眼闭一只眼？你们的良心都被狗吃了吗？

朱子难抑心中的怒气，当夜，他在昏黄的灯影下，写下了他任职浙东提举后的第一篇弹劾状，内容是弹劾绍兴兵马都监贾祐之，罪名是“不如实上报饥民数量”。

朱子在弹劾状上说，正是因为贾都监渎职不作为，草菅人命，漏报20万灾民，才导致绍兴境内哀鸿遍野。朱子随后发出牒文，要求绍兴府对贾祐之进行对移。

在宋朝，对移就是把还没有满任期的官员提前调离现职工作，这在当时也是一种处分。忘了告诉大家一件事，本次朱子作为浙东提举，他对官员最大的处分权限就是对移。巡视第一天，朱子就使用了这一权限！

查办密克勤

处理了贾都监，朱子继续往下一站巡视，随着朱子巡视的深入，他发现，不如实上报灾情居然是普遍现象。到底如何不“如实”法呢？朱子在会稽、山阴两县就查出漏报饥民 25 万人。

当地县衙没有上报，这些人自然得不到应有的救济粮。赈灾首先要做好摸底，底摸清了，然后才有的放矢。

灾情发生后，不少家庭因为官员的漏报或瞒报，导致他们没有在救济名单之中，没饭吃，只能饿死或离家逃难去。所以一路上，朱子听到饥饿哀啼之声不断，弃儿哭嚎之声震耳。按理说，发生灾难了，地方官员应该多报才对，多报可以领取更多的救济粮啊，朱子纳闷，怎么会发生少报饥民的现象呢？经过调查了解，朱子发现，这跟绍兴贾都监一样，就是地方官员工作懈怠，玩忽职守，因为连年旱灾，官员早已麻木，根本不把饥民的生死放在心上。

淳熙八年（1181 年）大年三十，朱子跟弟子黄榦、蔡沉，在绍兴提举司吃的年夜饭，三菜一汤，简单过年。朱子心里牵挂着灾民，一过完年，马上继续巡视，正月初七，他们就到达了绍兴府下辖的嵊县。在嵊县一看，这个地方怎么灾民也这么多啊，按说不应该这样啊，因为根据报表，朝廷签押下拨给嵊县的赈灾官米就有一万三千石，怎么还有这么多人没饭吃？

肯定有问题，怎么办？朱子说：不走了，停下来，查！

嵊县负责赈济的官员是绍兴府派遣的指使密克勤。指使现在是动词，在宋代是个官名。听说提举朱大人到了，指使密克勤屁颠屁颠地来了。

朱子问：密指使，怎么回事啊？朝廷下拨了那么多赈灾米，都派发到哪啦？

密克勤有些不在乎地应道：回朱大人，赈灾米自然都派发到了灾民手里，然后被灾民吃进肚里了！

朱子一拍案桌：密克勤，什么话？你给我老实点！

密克勤正了正身子，看着朱子，一副你能奈我何的样子。

朱子走到密克勤身旁看了看问道：我问你，朝廷划拨了多少赈灾官米到你手上？

密克勤抬头应道：一万三千石啊！

朱子又问：那你下发灾民的又是多少石？

密克勤：一万三千石啊！

密克勤边说边从公文袋里掏出了一叠厚厚的账簿递给朱子。

朱子翻开查看，没错啊，一点不少，是一万三千石！

密克勤看着朱子：朱大人，没错的话，下官还有事要办，先走一步了！

密克勤甩甩衣袖，走了，留下满脸疑惑的朱子。

正月的深夜，寒风刺骨，昏黄烛光下，朱子在思索着，旁边坐着弟子黄榦和蔡沉。

问题出在哪儿？朱子皱着眉头自语道：朝廷下拨给嵊县一万三千石的粮食，按人均算，完全可以维持到夏至前后，现在还是正月，雨水节都没过，怎么就出现如此大面积断炊？不应该啊！

黄榦望着朱子：老师，有没有一种可能？

朱子：什么可能？

黄榦：密克勤在账簿上动了手脚！

朱子：我昨天就想到了这个问题，特意查实过，可能性不大！

蔡沉：账没问题，那就是米有问题！

朱子一听，突然起身一拍桌子：对，我怎么就没有想到，问题出在米上！

朱子高兴地看着两个年轻人：准备一下，明天，我们爷仨微服私访去。

第二天，朱子带着黄榦、蔡沉一起装扮成过路行商来到街上，街上一片萧条。街边，坐满了等待赈粥的饥民。

一处赈粥点前，排起了长长的队伍。朱子等人走到粥桶前一看，桶里的粥稀拉得很，看不到几粒米，用瓢一舀，沙沙作响，瓢中之粥，一片淡黄之色。

朱子问施粥者：这个粥怎么这样稀？颜色也不对啊！

施粥者：我们煮粥时，可是按标准比例下的米，我们也不知道为啥，煮出来就这个样！

这时旁边一个带着小孩的大娘对朱子道：这里的赈粥还算好喽，您可不知道，朝廷发给我们的米，那才可恨呢，煮出来的粥半碗稀饭半碗糠，碗底还加一层沙啊！

朱子一听，大惊：怎么，粥里有沙？

大娘点头：不信，您问问大家。

众人纷纷点头：是啊，我的米里有沙！我的也有！

朱子把手一挥：走，回衙门！

众人好奇地看着朱子一行，朱子这才意识到自己是微服私访，有些尴尬地朝众人拱拱手，匆匆离开。

朱子换上官服，带着随从来到官仓，命令密克勤立即开仓。

密克勤：朱大人，你要干什么？

朱子：本官要亲自验粮！

密克勤一听，吓瘫在地。

不验不知道，一验吓一跳。一斗米倒进筛子一筛，沙子哗哗哗地往下落，谷糠也是随风飘。

朱子指着现场问密克勤：这是怎么回事？

密克勤瘫坐在地上，不言语。

原来这个密克勤从绍兴府派驻嵊县后，胆大妄为，和当地县衙一伙人勾结，干起了侵吞赈灾官米的勾当。他派人领回了一万三千石的朝廷官米，然后暗地派人运走四千一百多石藏匿、转卖，所得钱款几人私分，他得大头，另外几人得小头。

侵吞赈灾官米，被朝廷发现这可是重罪。可密克勤不怕，因为他早就想好了应对办法。什么办法？往剩下的赈灾官米里掺入大量谷糠和泥沙，搅拌在一起后再放入官仓，密克勤还让人定制了一副斗斛，用这个斗斛量米赈给灾民，一石米用它量整整可以多出九升。朱子检验过程中，一斗米竟可以筛出泥沙一升二合，谷糠一升一合，以至推算，一万三千石的赈灾官米竟然掺了四千多石的米糠和泥沙进去，糠是为了充数量，沙是为了充重量。什么概念？也就是说，朝廷下拨给嵊县的救命官米，竟被密克勤这个贪官贪污了三分之一，这些钱款全部被这伙“米虫”中饱私囊了。

朱子站在嵊县的官仓前，指着密克勤大骂：你这个畜生不如的东西，贪污官米不说还用泥沙祸害粮食，你知道吗，这可是灾民的救命粮啊，如此妄为，天理不容！

朱子连夜谍文绍兴府，让他们马上补齐官米下发赈济给嵊县。随后，他又愤怒地写下了上任后的第二份弹劾奏折。在奏折中，他详细记叙了指使密克勤用糠、泥拌和，以小斗替换大斗，贪污赈救官米 4000 余石的犯罪事实。他希望朝廷严惩密克勤，给嵊县数十万灾民一个交代。

变味的社仓

朱子一面拨钱施粮，检查官仓、米场，反复嘱咐当地官员救助境内患病饥困灾民。一路下来，他清楚地看到了要么是贪官污吏作祟，私扣钱粮中饱私囊，要么是庸懒官员荒政，漏报、谎报灾情，故意行政不作为。尽管自己赈灾钱粮不断下拨，各地乡间依旧难以为继。朱子在上书弹劾这帮贪官污吏的时候，努力推行他的社仓法。

社仓一个很重要的特点就是以丰补歉。朱子也知道，社仓法的推行要以丰年的粮食作为基础，大灾后的浙东，官方粮仓基本都是空仓，这时推行社仓法，更多是希望官方牵头，组织民间大户、富户的力量，共同渡过这场饥荒。

但想法很丰满，现实很骨感！

在婺州金华，朱熙绩是当地极等上户也就是首富。家有上等房屋三百余间，田亩物力称雄一郡。朱子来到他家，动员他在金华当地一个叫十二都的地方设米场，开展赈灾救助活动。朱熙绩这人很好玩，他得知朱大人来自己家了，很高兴，叫来画师，要求他们把自己与朱子握手的情景画下来，以作日后炫耀资本。

朱熙绩当场表态：朱大人，您来我府上，让我的屋子放光，我非常高兴，我一定好好配合朝廷、配合朱大人工作，开仓赈粮，没问题，捐米开粥场，没问题！

朱子听了很高兴：你真是一个大善人，我写推荐信让朝廷好好表彰你！

朱熙绩连忙拱手：谢谢朱大人！

朱熙绩答应得干脆利落，可是，等朱子一离开，他马上就停止了赈灾活动。粮不发了，粥不赈了。

朱子接到报告后生气了：朱熙绩，你这个伪善人，你答应的事，怎么不兑现？我都向朝廷推荐你，要树你作为朝廷大善人的典型了，你却整这一出，你让我怎么收场？

朱子派人去找朱熙绩追问。可是找来找去找不到他，朱熙绩竟然躲藏起来了。后来终于找到，带到朱子面前一问，朱熙绩谎称自己当时记错了，认为朱子是安排他先到第十二都搞一场活动，然后再转场到第十四都赈米救灾。

朱熙绩：朱大人，这真不是我耍你，你是朝廷命官，是救我们的父母官，我怎么能耍你呢，对不对？这完全是一场误会。

朱子说那好，那你就到第十四都搞赈灾活动，我派人现场指导。朱熙绩见逃不过，就拿出一点霉湿的糙米运到第十四都，煮了几天稀饭救济那些聚集在这里的流民。用霉米煮粥，灾民们吃了纷纷呕吐不已，朱子这时已经离开金华，得知情况他气得跺脚，他连夜发文给金华县令，让他去传唤朱熙绩来问责，但朱熙绩知晓朱子已走远，直接抗拒传唤。朱子得知后也无可奈何，最后这件事不了了之。

在朱子的一再申请下，朝廷也派出了一些专使到各地赈灾，并且下令减免灾民赋税。十二月，孝宗兑现承诺，以朝廷的名义正式发文，将朱子所创的社仓法向各地推行。这让一直处于苦闷中的朱子看到了赈灾救民的希望，他打起精神，派人到重灾区指导创建社仓，人手不够怎么办？朱子想到了浙东学术圈的朋友们，于是向他们求助。这些朋友们很够哥们，纷纷来到朱子身边，听候差遣，有人因为年岁太大或因要紧事走不开，自己到不了就派儿孙或弟子前来帮忙。很快，朱子身边就聚集了一大群人，朱子在教授他们社仓法的同时，也常常与他们交流学术问题。

朱子就这样一路巡视赈荒，一路访朋交友，游历唱和，讲学论道，朱子理学的旋风随着他的巡视，从绍兴刮到了浙东各州县，一路上都有学子慕名前来拜谒求学。正因为这样，朱子的这次浙东赈灾之行，从另一个角度来看，其实也是一次学术交流、传播之行。

在朱子的倡议下，一时间，社仓法在浙东部分州县有所推行，这让朱子很兴奋。但一段时间后，成效非常有限。问题出在哪儿呢？两个方面，一是时间不对，建社仓讲究以丰补歉，但在这特殊时期，在这旱灾蔓延成片的浙东大地上，目前没有丰只有歉，所以在这个时间段，不具备推广社仓的条件；二是管理社仓的人不对，在此灾荒之年，社仓的米主要来自乡绅、富户，自然也由这些人当任社首，主持社仓事务，这些社首中的不少人从骨子里就不是什么善人，投机取巧、巧取豪夺是他们的拿手好戏。一段时间下来，社仓里的存米往往被这伙人挪用，急需时无粮可借，他们还借此机会向老百姓强行摊派征收米粮，与征租纳税没有两样。社仓赈济灾民保障民生的“惠民”功效很快就丧失了，反而成为豪绅大户敛财征粮的工具，这是朱子万万没有想到！

弹劾李峄

离开嵊县，经诸暨一路前行，正月十一日，朱子进入了婺州地界，然后过义乌、金华、武义，再由兰溪进入衢州境内。在衢州，朱子先后巡视了龙游、西安、常山、开化、江山等县。

每到一处，朱子都将自己的所见实况及赈灾情况一一记录下来，写成奏折上报朝廷。他告诉朝廷，婺州的兰溪，水旱灾害相继受灾特别严重，金华次之，但金华境内的马海、白沙一带是重灾区，其他地区会稍微好一些，衢州的常山、开化旱灾情严重，江山次之，龙游又次之……

朱子是一面巡视一面赈灾还要不断写材料向上汇报，一路上很忙很累很辛苦。在衢州，朱子发现一个人很不对劲，谁？衢州知州李峄！

对于李峄这个人，朱子有印象。几年前，朱子在南康军任职时，境内有个叫夏学楚的读书人，这个人是个“二赖泼皮”。人说“流氓不可怕，就怕流氓有文化”，这个夏学楚就是个有文化的流氓。他读了不少书，却不把学到的知识用来服务群众，而是用来违法谋利——做“健讼”之徒。什么是“健讼”之徒，解释起来有点费劲，说一个人你就明白了，周星驰电影《九品芝麻官》里那个令人生厌的讼棍方唐镜就是“健讼”之徒。这种人专靠“闹官司”获利，每有案子发生，他们就唆使当事人或哄闹或打砸，然后替雇主疏通关节，提供各种法律服务，收取巨额费用。南康的夏学楚干的就是这勾当，长期在南康把持讼事，教唆他人，严重扰乱当地司法公正。

朱子任南康知军期间，查实夏学楚的犯罪事实后很生气，觉得夏学楚这人不利于社会和谐与稳定，决定对他进行编管。编管是宋朝对一般性犯罪的一种处罚，就是把犯罪者谪放到别的州郡，编入该地户籍，并由那里的地方官吏对他加以管束，有点像劳改。朱子把夏学楚送到江州（也就是现在江西九江市）进行编管。当时江州知州就是李峄，想不到夏学楚这人很有一套，不知他用什么法子，作为劳改犯的他很快就跟江州知州李峄搞上了关系，李峄还冒着犯法的风险把夏学楚放回了南康，这让朱子很纳闷。“狗改不了吃屎”，回到南康不久，夏学楚又玩起了“健讼”把戏，朱子再次把他捉来一顿杖责，然后送到别的州郡再次编管。朱子和李峄虽然没有见过面，但因为夏学楚一事，朱子对李峄的第一印象不太好。

这次朱子到衢州，一看知州是李峄，自然就想起了几年前的编管往事。而且他还知道李峄这个人特别好大喜功，淳熙七年（1180

年）衢州发大水，不少县都被洪水淹没，老百姓受损严重，可知州李峄却硬说衢州没事，老百姓过得很好，当时的浙东路转运司知道后，还向朝廷举报了这件事，可是，一年过去了，朝廷也没找李峄追责。

1180年的水灾，衢州有份；1182年的旱灾，衢州又有份，尤其是常山、开化旱灾特别严重，部分村庄是颗粒无收。朝廷发文要求上报灾情，但知州李峄又撒谎，说衢州“民不阙食，未至流移”。这句话的意思就是：衢州很好，衢州老百姓不缺粮，安居乐业着呢，朝廷不用赈灾也不用考虑免租免税。而实际情况是什么样呢？遍地都是因灾饿死、冻死的灾民，而朱子一月前拨给衢州的六万石赈济米，李峄一粒也没有下拨到各县，还锁在粮库里。更让人不可思议的是，知州李峄不赈灾、不体恤也就算了，这段时间他竟然派人到各县督责租税，凡延迟未缴者，则差人强行搬空家中衣柜、桌椅等值钱物件。不少村民被逼得没法，只得整村集体外出逃荒逃税，走上了有家不能归的流民之路。

朱子叫来李峄责问：李大人啊，你衢州明明遭受了水旱之灾，你为什么上报说没事啊？

李峄辩解道：这些年衢州是有点不走运，但那都是小灾小难，我们自己州府就能解决，有什么好上报的？

朱子：你可知道，老百姓的事无小事，水旱灾害，这是关乎老百姓的生死，李大人岂可当成儿戏？

李峄：朱大人说是大事，可在本官眼里却是小事！

朱子怒声责问道：请问李大人，在你看来，什么是大事？

李峄双手朝天一拱道：作为臣子，不给朝廷添乱，不让圣上为难，这才是大事！

朱子：我要向朝廷举报，说你荒政不勤，赈济不力！

李峄双手一摊，冷笑道：请便，朱大人，你不举报你就不是人！

朱子：你等着！

李峄：随时恭候！

朱子一听，正要发作，一旁的黄榦连忙一拉朱子的衣袖说道：老师，您不是约好要到黄村巡视吗，黄村的保长正在门口等您呢，走吧！

朱子强忍心中怒火，长长地吁了一口气，然后离开。

一行人前往黄村了解实情，站在空荡荡的破落村庄前，朱子仰天长叹：人祸甚于天啊！

夜深人静，朱子奋笔疾书，连夜写出了《劾衢州知州李峄掩盖灾情督责财赋》《乞将衢州义仓米粜济状》两篇奏折上递朝廷，一篇弹劾李峄，一篇为百姓请命。

弹劾李峄，这是朱子当任浙东提举以来，第一次向州级官员也就是朝廷四品官员发起进攻。

在蠲除税租、禁止苛扰方面，朱子不厌其烦地奏请，让孝宗赵昚和宰相王淮很厌烦。下面，一起来回顾一下朱子的这些奏请：

奏请将淳熙八年四等、五等下户的夏秋残欠一并住催！

奏请将绍兴府山阴、会稽、嵊县、诸暨、萧山五县四等、五等上下夏税秋苗丁钱一并住催！

奏请将被灾州县积年旧欠住催，到秋冬收成以后再逐料带纳！

奏请将台州五县第五等下户淳熙九年的丁绢全予蠲免！

奏请严禁州县官吏对兴贩货物、出粜米谷的商船拦阻抽税和设卡渔利，违者将严惩不贷！

奏请将本路淳熙九年受灾县人户夏税权行住催，到秋成以后再适当被交！

……

类似奏请竟达数十份之多。

朱子很上心，但朝廷没在意。朱子这些饱含深情的奏请，大部分都没有得到朝廷的“恩准”，而一些州县地方官只知承顺上意，以督催赋税为能事。一听朝廷没有批准朱子住催的奏请，便立即“住催者皆复追催，其未放者则其催督愈益严峻”。什么意思？你朱子不是想让朝廷停止催税吗，现在朝廷没批，说明我们催税没错，既然是朝廷没有明令禁止，那就别怪我们啦！于是，催缴赋税的行为在浙东大地上，变本加厉！

朱子为什么一直热衷于写弹劾状呢？一是因为他作为浙东提举职责所在，监察、弹劾不法官员是他的工作。二是他一直记着，当初出发前孝宗赵昚满口答应过他：凡是朱爱卿递来的弹劾奏状，朕一定及时回复，帮你收拾他们！

这让朱子很感动，他相信赵昚会兑现承诺，所以，他不断地写奏劾向朝廷反映情况：

弹劾绍兴府兵马都监贾祐之救济怠慢！

弹劾绍兴府密克勤偷盗官米！

弹劾婺州金华县上户朱熙绩反抗上司赈济不力！

弹劾衢州知州李峄掩盖灾情督责财赋！

弹劾衢州监酒库张大声与龙游县丞孙孜检放旱伤不实！

弹劾新衢州守沈崈一擅支常平义仓米！

弹劾台州宁海县知事王辟纲不报人民流移！

……

但朱子很纳闷，自己奏劾了这么多人，朝廷怎么就没处理一个人呢？朱子哪里知道，他奏劾的这些人里，别看官职不大，可一个个在朝中都有盘根错节的关系，形成了一张上下打结的关系网，他的弹劾在这张人情网前显得非常无力。他向孝宗赵昚请得的那把"尚方宝剑"也是一把银样镴枪头——根本不堪用！

朱子在巡视绍兴山阴时，曾专程去拜访过好朋友陆游，朱子曾向陆游发过这方面的牢骚。陆游曾在给他的另一个好朋友曾逮写信时说了这件事，他是这么说的：

> ……东人流殍满野，今距麦秋尚百日，奈何！……朱元晦之衢、婺未还，此公寝食在职事，但恐儒生素非所讲，又钱粟有限，事柄不专，亦未可责其必能活此人也。
>
> ——陆游《拜违言侍帖》节选

陆游信中说得很清楚，朱子为了办好这个差事，那是废寝忘食，吃饭睡觉都在思考工作，但信中一句"事柄不专"却也道出了朱子有职无权的困境。朱子好不容易从孝宗赵昚那里请来的奏劾权其实没有什么威力，因为惩处权不在朱子手上，而是在朝廷，更准确地说是在宰相王淮和孝宗赵昚手上。只要朝廷不点头，朱子的奏劾就是废纸一叠，根本动不了那些贪官污吏和土豪劣绅。

比如前面提到的那个糊弄朱子的朱熙绩，他不仅"田亩物力雄于一郡，靡所不为"，还"结托权贵，凌蔑州县"。他之所以敢"靡所不为"是因为有"权贵"在后面撑着。那么这个"权贵"是谁呢？据资料显示，可能是这么两个人中的一个或两人都是。一个是主管左右春坊事、閤门宣赞舍人的陈龟年，朱熙绩是陈龟年女婿，还有一个可疑人选便是宰相王淮。为什么可能是他，理由如下：朱熙绩是金华县孝顺乡人，王淮是金华县大云乡人，两人是隔壁老乡，而且朱家和王家都是当地首屈一指的大户豪雄，而且两个家族间还有姻亲关系。有了这两个有裙带关系过硬的“权贵”后台在，朱熙绩在朱子面前，自然敢连欺带骗，有恃无恐。

还有那个惹朱子很生气的衢州知州李峄，这个人之所以嚣张，也是因为有个大靠山——参知政事钱良臣。钱良臣是李峄的亲姐夫，而钱良臣在朝中结交了一帮哥们，形成了团伙，颇有些势力。对于这一层关系，朱子也一清二楚，所以，他才会在弹劾李峄的状子里加了一句“其亲戚方在政路，曲为主张”。

李峄正因为有这么个姻党“罩着”，朱子的奏劾奈何不了他也就在情理之中了，最后，朱子只好无可奈何地看着李峄大摇大摆地离开衢州荣升信州而去。

面对贪官污吏的嚣张气焰，朱子火啊，但又没法子发泄，怎么办？找朝廷发牢骚去。刚好这时孝宗赵昚想开展一次整风活动，下令让有一定级别的官员递交批评和自我批评的折子。于是，在三月三日，朱子上了一道《论臧否所部守臣状》，他这样写道：

> ……近因按劾衢州守臣李峄，不蒙朝廷施行，熹委是材轻德薄，不足取信，岂复更敢臧否人物？伏乞照会，免行考察！
>
> ——朱熹《论臧否所部守臣状》节选

什么意思？朱子说，最近我不是向你们（朝廷）举报了衢州知州李峄吗，你们却对他没有任何的处分，我想可能是我朱熹实在是人微言轻，你们不相信我说的话啊，既然这样，我哪还敢去表扬或批评其他人呢？不敢啊！

这是朱子对朝廷发出的牢骚！

担任浙东提举以来，朱子不仅接连上奏弹劾渎职的贪官污吏，同时，还不断地向朝廷打报告，为灾区申请减租免税，这些报告，朝廷也没有“恩准”，这件事同样让朱子憋气得很！

上宰相书

在反复奏劾官员、申请减免赋税都没有得到朝廷答复后，朱子生气了，淳熙九年（1182年）的六月八日，朱子给荐举他当浙东提举的宰相王淮写了一封信，信很长，上千字，他还给这封信取了个简单粗暴的标题——《上宰相书》。朱子在信里对自己的所谓“恩人”王淮很不客气，可以说是满腔怒火，言辞激烈。

> ……今祖宗之仇耻未报，文武之境土未复……民贫兵怨，中外空虚，纲纪陵夷，风俗败坏。政使风调雨顺，时和岁丰，尚不可谓之无事，况饥馑狼狈，至于如此！为大臣者乃不爱惜分明，勤劳庶务，如周公之坐以待旦，如武侯之经事综物，以成上意之所欲为者，顾欲从容偃仰，玩岁愒日，以侥幸目前之无事。殊不知如此不已，祸本日深。
>
> ——朱熹《上宰相书》节选

这一段是朱子用他那忧国忧民的心，为我们描绘了一幅南宋小朝廷的现实画卷。在朱子看来，当前天下最大的任务就是荒政（赈灾救荒），而荒政又有二事是急务中的急务，一是“给降缗钱，广籴米斛”，二是“速行赏典，激励富室”。朱子对宰相王淮这段时间的表现很不满意，你这个宰相是怎么当的，你就不能学学周公旦、诸葛亮，像他们那样帮助圣上成就大事啊，你一天到晚就知道得过且过混日子，太不像话了！

朱子越写越来劲：

……且国家经和度至广，而耗于养兵者十而八九。至于将帅之臣，则以军籍之虚数，而济其侵欺之奸；馈馀之臣，赐予簿籍之虚文，而行其盗窃之计。苞苴辇载，争多斗巧，以归于权幸之门者，岁不知其几巨万。明公不此之正，顾乃规规焉较计毫末于饥民口吻之中，以是为撙节财用之计，愚不知其何说也！国家官爵布满天下……今上之执政，下及庶僚，内而侍从之华，外而牧守之重，皆可以交结托附而得；而北来归正之人，近习戚里之辈，大者荷旄仗节，小者正任横行，又不知其几何人！明公不此之爱，而顾爱此迪功、文学、承信、校尉十数人之赏，以为重惜名器之计，愚亦不知其所说也！……大抵朝廷爱民之心不如惜费之甚，是紧不肯为极力救民之事；明公忧国之念不如爱身之切，是以但务为阿谀顺指之计。……使人愤懑，自悔其来，而求去不得！

——朱熹《上宰相书》节选

把前后文联系起来一起理解，朱子这封信的主要意思就出来了：老夫我来到浙东七八个月了，废寝忘食，不辞辛苦，千方百计赈济灾民，为的就是不辜负朝廷对我的信任。在巡视中，我发现了那么多的贪官污吏，多次奏请朝廷，你老人家作为宰相却明哲保身，官官相护，在朝廷议事时，只是一味逢合圣上、阿谀奉承，致使我弹劾的官员，没有一个被真正处理，我不仅得不到你的支持，还处处受到你的牵制，让我无法有效地开展赈灾工作。

朱子越写越来气，在信的结尾，还发了一句牢骚：使人愤懑，自悔其来，而求去不得！

这句话什么意思？朱子说，我生气了，后悔听从了你的举荐来当这个提举，现在害得我想不干也不行啦！王淮大人，你害我不浅啊！

有人问，朱子为什么敢这样评价自己的顶头上司和当朝宰相？难道是这段时间赈灾朱子累傻了或是被贪官污吏气疯啦？其实不是，此时的朱子非常清醒，之所以壮着胆子写这封信，那是因为他怀着一股“为民请命”的决心，他要刺激王淮。为什么要刺激王淮？因为朱子深信他的师祖程颐的那句名言“天下安危系于宰相”，朱子故意写信唾骂王淮，就是想看看能否唤起王淮那颗还未泯灭殆尽的“为生民立命”的心。

王淮收到这封信，很生气，据说当他读到“明公忧国之念不如爱身之切，是以但务为阿谀顺指之计”这句时，气得头发都竖起来了。

怒发冲冠，看着朱子的信，王淮头发要冒烟了。能不气吗，作为一人之下万人之上的宰相，王淮可是要风得风要雨得雨，他决不允许也无法忍受一个提举小官对自己如此放肆讥讽和唾骂，况且你这个提举还是他王淮亲自举荐上去的！

好你个朱熹，你不识好歹，狗咬吕洞宾，你恩将仇报，我举荐你当提举，真是眼睛被铳打了！

王淮你骂吧，狠狠地骂我吧，你批评我吧，撤我职贬我官吧，朱子做好了一切准备。

但让朱子没想到的是，王淮收到这封信后，虽然暗地里骂了朱子无数回，却没有公开找他的麻烦，这封信递出后就无声无息了，仿佛是石沉大海，这让朱子很意外。

将军肩上可跑马，宰相肚里能撑船。王淮真有这样的肚量？

蝗虫，又见蝗虫

浙东这些年衰透了，水旱之后，随之而来的是蝗灾和大疫。

淳熙九年（1182 年）的春夏之际，也就是朱子递交《上宰相书》期间，浙东不少州县发生了疫情和蝗灾。灾情很严重，朱子的好朋友、家住婺州永康的陈亮在一封信里描写过当时的灾情：

> 婺州亦复大疫，衢州米价顿涌，四千七百文一石，祸将浸淫于婺……疫气流行，人家有连数口死，只留得一二小儿，更无人收养者。
>
> ——陈亮《又壬寅夏书》节选

面对蝗灾和大疫，朱子坐不住了，他决定亲自到灾情较重的绍兴府会稽县广孝乡的田间地头实地查访。

朱子来到村里，只见村中一片凄凉，村人逃荒逃疫，已去之八九，只剩老弱病残和少许妇女儿童。而村外山林间，到处是新垒的坟茔，纸钱飞舞，一簇簇招魂幡在空旷的郊野上飘荡。

田地里，只见群蝗飞舞，越聚越多，在天空中飞掠往来。这是移动的啃噬大军，所到之处，大片的青苗半晌工夫不到，就被啃噬精光。

蝗虫成灾，绍兴府正在组织人手打蝗灭蝗。朱子也让提举司拨出钱款鼓励村民扑灭蝗虫。朱子在赈济过程中，走村过巷，耳中不时听到妇幼哀号之声，这让他很心痛，更让他心痛和想不通的是，这都什么时间了？州县还在催缴夏税，布告贴满了大街小巷。在寻访中，村民反映最强烈的也是官方催缴租税太狠太急，导致他们没法生活了。朱子有感而发，提笔写下了《乞住催被灾州县积年旧欠状》：

> 本路被灾州县知通令佐，多有只见蚕麦稍熟，便谓民力已苏，遽于此时催理积年旧欠，上下相乘，转相督促，使斯民方幸脱离于沟壑之忧，而一旦便罹追呼决挞囚系之苦，甚可哀痛。况今疫气盛行，十室九病，呻吟哭泣之声，所不忍闻，岂堪官吏更加残扰？……
>
> ——朱熹《乞住催被灾州县积年旧欠状》节选

这段文言文有点长，翻译成现在的话就是：天灾还没过去，老百姓还没从旱灾中回过神来，催租催欠、督促还款还粮的通知又到了。旱灾加上疫情，再加上官府的催税讨债，这是天灾加人祸，老百姓还怎么活啊？

所以，朱子在给朝廷打报告的时候多加了几句，请求朝廷将淳熙八年先前欠纳的夏税折成淳熙九年的新税，一并给予蠲减！

孝宗赵昚读了朱子这篇奏请很受感动，点头同意了朱子的请求。他找来户部尚书商量。

孝宗：灾区老百姓太不容易了，我看啊，就按朱熹说的，把去年欠的和今年应交的夏税都给蠲减了吧！免得朱熹一天到晚左一个奏折右一个奏折！

户部尚书：陛下宅心仁厚，一心体恤灾民，臣替浙东的百姓谢主隆恩！

一向抠抠索索的户部，这次大方地同意了朱子的申报奏折，继上次朱子出任时拨付的 30 万缗南库钱外，这次又拿出了 30 万缗南库钱交付朱子，让他组织抗蝗虫防瘟疫。收到朝廷的回复，朱子很高兴。

朱子一面继续向朝廷报告灾情，申请广行荒政，一面广发榜文到两广和福建，诚邀米商粮商入浙，希望他们组织人手到丰收的省市去广籴米谷，然后再运到浙东来销售，充盈市场，阻止当地豪绅大户哄抬米价发国难财。

第四章　台州来了个朱提举

朱子一面不断上奏，请求朝廷蠲免各种赋税，同时他心里仍不放心，决定再到浙东各地巡视一遍，他向朝廷提出了这一申请。据《朱文公文集》记载，由于赈灾工作十万火急，朱子还没来不得及拿到朝廷的回复，他就出发啦。

出发前，朱子还干了一件事，控告衢州府江山知县王执中，告他坐视旱灾不救，要朝廷查办他，这篇奏折的名字叫《弹劾衢州江山县知事王执中弛慢失职》，王执中听到风声，吓得半死，跑到老丈人家躲了起来。

递交完奏劾，七月十六日，朱子带着随从及两个弟子从绍兴府白塔院出发，经会稽、上虞到了嵊县。一路上，朱子仍然是督荒赈灾，奏蠲赋税，他一次又一次举起这把没有多少威力的“尚方宝剑”，批评、奏劾那些赈灾不力和趁灾侵盗自肥的贪官奸吏！

据记载，朱子在巡视旱灾严重的上虞县时，一天中就先后有七百多人拦道投诉，向朱子控诉县吏催督税赋、横征暴敛的不法行为，有的地方竟然强令当地每户老百姓多交一百文的孝敬小钱，不交就派衙役下乡追捉锁拿。朱子听了很生气，找来这些办差的人，严厉地批评他们：如果再敢这样胡作非为，我就差人锁拿你们！

批评完这些人，朱子又出发了，下一站台州。

“道 听 途 说”

三天后，也就是七月十九日，朱子到了衢州与台州交界的新昌。这次，他的目的地是台州的州衙所在——临海。

走着走着，很快，朱子发现不对劲，越往前走，迎面碰到的难民越多。这不合常理呀，台州出什么事啦？朱子决定问个究竟。

继续前行，不一会朱子就遇到了一群难民，这是一群近百人组成的难民团。为首的是位花白胡子的老者，朱子下车走向老人。

朱子向老人家拱手问道：请问老丈，你带着大伙从哪来呀？

老人站住，望了望朱子：小老儿一家从台州逃荒而来。

老人回头指了指周围一圈人说道：他们跟我一样，也是从台州来的。

朱子关切地问：那你们准备到哪里去呢？

老人摇了摇头：谁知道呢？逃荒之路，走一步算一步啊！

老人家看朱子一身官家打扮，非一般的贩夫走卒，再加上一路上听到传闻，说是浙东提举朱大人第二次巡视正朝台州而来。老人凭直觉判断，眼前这人可能就是浙东提举，于是斗胆发问：您可是提举朱大人？

朱子点了点头。

众人一听是提举大人，齐刷刷跪在了路上。

老人：朱大人啊，我们可把您盼来了！

众人：您可要救救我们啊！

朱子连忙扶起老人家：快快请起，大家请起！

朱子双手握着老人的手，亲切问道：老人家，连年天灾，让你们受苦啦！天灾无情人有情，你们不要怕，相信朝廷相信州府，大家一起努力，肯定能渡过难关！

这时人群中有人冷笑道：你叫我们相信台州官府？相信他们，我们就不会逃离台州喽！

另有人应和道：是啊，如果留在台州，我们不被饿死，也被催租收税的官员逼死啊！

朱子惊奇道：朝廷不是已经同意减免重灾区今年的夏税了吗，怎么还有人来催逼你们交税？

灾民：朝廷虽有公文下发，但州衙非但置之不理，反而催逼得更急更狠！

朱子：这不是抗命不遵吗？他们就不怕你们告到上级？

灾民：他们才不怕呢，据说催逼租税的命令就是台州知州唐大人亲自下的！我们找谁告去？

朱子：岂有此理，哪有这样的父母官！

朱子忍住心中的怒火，告诉众人，朝廷已下发给了浙东提举司30万缗赈济钱款，很快就会下发到各个重灾区。朱子劝大家返回台州，积极自救，恢复家园。大家听从了朱子的劝告，决定折返台州。

朱子继续东进，一路上又不断遇到台州流民，询问得知，均是因官府催逼租税而逃离家门。大伙见朱子作为提举，很和蔼很亲切，甚是体恤灾民，胆子也就大了起来，大家你一言我一语，给朱子说了不少台州这一两年流传乡里的怪事。

一老人率先说道：朱大人，你是不知道，自从唐知州主持修好了中津浮桥，我们市面物价就上涨了！

朱子：修桥跟物价上涨有什么关系？扯不上吧？

老人：唐大人在桥上设卡收费，不交钱不让商贩过！

另一老人：商贩交了过桥钱，羊毛出在羊身上，他们就把货物的价格抬上去，整来整去，倒霉的又是我们台州老百姓！

朱子认真听着，问道：有这等事？

一中年汉子补充道：朱大人，这还不算稀奇，我们还听说唐大人把一名营妓藏匿私宅内，两人躲在里面，十天半月不出来！

流民边说边伸出双手，大拇指对大拇指，做了个相好的动作。众人见了，哈哈大笑。

……

对于流民们的话，朱子并没有太在意，他觉得，一个知州，一个饱读诗书的大儒，怎么可能做出这等龌龊事来，这些传言，很可能是因为流民们对知州唐大人催逼租税心存怨恨，故意编排他的，因此，朱子听了这些有关唐仲友的荒唐事，也是一笑置之。但既然出来开展巡视工作，自然就要写汇报，看到什么听到什么，要及时上报朝廷，因此，朱子在新昌驿馆住下后，当晚秉烛疾书，向孝宗报告这里的灾民情况，在折子中，朱子把自己路上遇到台州灾民的事也顺带说了。

> 臣今月十六日起，离绍兴府白塔院，道间遇见台州流民两辈，通计四十七人。扶老携幼，狼狈道间。臣问其故，皆云本州旱伤至重，官司催税紧急，不免抛离乡里，前去逐食……续访知知州唐仲友催督税租委是刻急，多差官吏在县追呼，属邑奉承，转相促迫，急于星火，民不聊生……又闻本官在任，多有不公不法事件，众口讙哗，殊骇闻听。臣下到台州将会审问查究其中的虚实……
>
> ——朱熹《按知台州唐仲友第一状》节选

这篇奏劾字数不多，三百多字，奏劾写完，朱子隐约有种不祥的预感：台州，是一个可能让他陷进去的泥沼之地！

为什么朱子会有这种感觉呢？因为他知道台州知州唐仲友，也知道唐仲友与宰相王淮是姻亲，更知道自己已经得罪了王淮！

思来想去，朱子在给孝宗奏折的末尾，特意加了一句话：臣踪迹方此孤危，较权量力实犯不韪！

这说明，朱子已经意识到了危险，是进是退，此时的朱子可以自由选择。

一夜无眠，朱子有了决定。

第二天，他率员取道新昌，迈入了台州境内。

朱子立于一处高岗之上，黄榦和蔡沉陪伴左右，远处，便是台州城门。

朱子望着台州城许久，自语道：台州，自古便是富庶之乡，按理说不应该如此困顿，大灾之年，竟然不顾百姓死活，强令衙役催租逼税，情理重害，委实不可容恕！

黄榦应道：如此催逼，难道为官者就没有一点仁人之心？

蔡沉：朱门酒肉臭，路有冻死骨。一些为官者，只顾自身享乐，哪顾灾民死活！

朱子望了望两个年轻人，没有言语。他直起身子，活动了一下筋骨，然后一指海临城门，招呼众人：走，入驻海临！

不一样的黄昏

淳熙九年七月二十三日中午，骄阳似火，朱子领着提举司一行人穿越临海城门，入驻台州。

到了台州，朱子没有径直去州衙报到，而是让众人先到驿站歇息，自己换上便装，带着黄榦、蔡沉来到街上走访。

三人行走在临海街市之上，眼前一派萧条，而一路行来，发现有不少穿制服的衙役正在盘查行人，征收税赋，不时有抢夺呼叫之声传来。

朱子在街上缓缓而行，留意着临海城内的人与事，脑海里存在一个疑问：唐大人在台州，到底在干什么？

临海城不大，一个时辰不到，就逛了一圈。回到驿站，朱子休息了一盏茶的工夫，然后换上官服，亲自前往州衙报到。按照接待惯例，此时唐仲友已领着台州众官员在大门口迎接，与唐仲友一起参加迎接的官员有：台州通判高文虎，副通判赵善伋，司户参军赵善德，司理参军王之纯，酒务监严峻，公使库监姚舜卿，什物库监陆侃，伎乐司监陈连升，临海知县陈居安，临海县丞曹格等人。

刚见面，双方都很客气，大家排着队交换着握手，目视对方，嘴里说着“幸会幸会”“辛苦辛苦”。

唐仲友领着朱子等人来到州衙议事大堂落座，先是互相客套了一番，接着就是办正事。朱子首先向台州官方交割了自己带来的赈灾粮款，询问了台州灾情和落实赈灾的具体措施，并非常痛心地把自己一路上所看到的流民惨状和诉求详细地说了一遍。众官员听了，有人低头不语，有人微微扭头望向知州唐仲友。

场面有点尴尬。

唐仲友握着茶杯想了想，端起送到嘴边喝一小口润了润嗓子，正要开口说话。

朱子抢先说了：唐大人，我想看看你们台州的账簿！

唐仲友没想到朱子一见面就要这个，一听，愣住了。

唐仲友：这个……这个……账簿嘛，暂时不在身边，不知朱大人要这……要这账簿干什么？

朱子：唐大人，我没有别的意思，就是想了解了解台州这几年的收支情况，摸摸底，熟悉情况，以便更好地安排赈灾粮款不是？

唐仲友连连应道：对对对，还是朱大人工作积极，一来就投入“战斗”，我们要向你学习啊！

朱子：哪里哪里，唐大人客气啦，朱某这样也是为了干好本职工作嘛！对了，唐大人，你能否差人今晚就把账簿送到驿馆，我想抓紧翻一翻，尽快了解台州情况！

唐仲友本想用客套话把账簿的事岔开，可朱子不上道，穷追不舍！

唐仲友：这个……这个嘛……我差人回去找找，找到就送来！

朱子：好，我在驿馆等你！

朱子没有等唐仲友解释，起身告辞，带着人离开了州衙。

唐仲友望着朱子离去的背影，有些不知所措。

衙门外，夕阳如火，晚霞满天，明天又将是个好天气。

知州夜送书

朱子回到驿馆，吃了个便饭就坐到驿馆接待处边看书边等候。两个时辰过去了，直到晚上九点多，终于等来了唐仲友，跟他一起来的还有台州公使库监姚舜卿。

朱子站起来，友好地请唐仲友和姚舜卿入座，烧水泡茶。七月的台州，天热得像火炉，虽至深夜但仍然闷热难耐。

唐仲友：这个鬼天气真热啊，走两步就一身汗！

姚舜卿附和道：是啊是啊，这个天，泡在凉水池子里就不想起来！

唐仲友转头问朱子：朱大人，我们台州驿馆怎么样，还满意吧？这里的澡堂子不错，你一路辛苦，好好泡个凉水澡，清爽清爽！

朱子：好，等晚上看完你们台州账簿，我就泡个澡。

唐仲友听了，凑近朱子小声说道：不瞒朱大人，真不赶巧，管理账簿的人昨天死了老娘，回乡下奔丧去了，其他人等没有钥匙，拿不到账簿！

朱子听了，有些失望道：这样啊，那他什么时候回来呢？

姚舜卿：那就不知道喽，他老家在一个边远小山村，远着呢。

姚舜卿边说边起身，走到门边提起地上的一个袋子送到唐仲友手上。

唐仲友亲自打开袋子，里面是一套精装书。

唐仲友看着朱子说道：我素闻朱大人是爱书之人，这是下官来台州后主持刻印的一套《四子》，今天专程送来给朱大人一阅！

朱子没有言语，拿起书仔细翻了起来。唐仲友和姚舜卿有些不知所措地站在一旁。

看了好一会儿，朱子终于说话了：这书印得不错啊，唐大人，都是你印的？

唐仲友有些得意地应道：是的是的，都是我主持刊印的。

朱子：印了多少啊？

姚舜卿：回朱大人，我们印了六百……

唐仲友看了姚舜卿一眼，姚舜卿赶忙住嘴。

唐仲友说道：回朱大人，下官本想让公使库付印六百套，可我们台州财力实在有限，只印了一二百套就停印了，真是有些遗憾。

朱子抚摸着带着油墨之香的《四子》称赞道：这可是好书啊，你看这排版这装帧，对，还有这刻工，刻得多清晰明朗，难得的精品啊！

姚舜卿向朱子竖起大拇指：朱大人真是好眼力，这部《四子》可是我们唐大人的心血之作，不少达官贵人都珍藏这套书，宰相王淮大人……

唐仲友狠狠地瞪了姚舜卿一眼，打断道：姚库监就你话多，朱大人是何等人物，什么宝物没见过？

然后转头对朱子道：一点小意思，不成敬意，望朱大人笑纳！

朱子连连摆手道：如此厚礼，朱某岂敢收受，望唐大人快快收回！

几本书，朱子怎么说是厚礼呢，是不是太矫情了？其实，真不是朱子矫情，在当时，一套《四子》还真是一份厚礼。首先来了解一下什么是《四子》，它包括《荀子》《扬子法言》《文中子》和《韩非子》，这虽不是什么大部头的书，但在宋代，印刷、排版技术都没有现代化的条件下，书对不少普通家庭来说，就是奢侈品。唐仲友带来的书，朱子稍微一翻，就知道这套书是“公使库本”。公使库是什么呢？它是一个机构，是当时州府负责接待往来官吏食宿的行政机构，有点像现在的政府接待办，但南宋的公使库可以经商，比如说卖药材、开旅店、设立书坊、刻印书籍等，以此来增加经费收入，其中刻印书籍是主营项目。

唐仲友的《四子》刻成后，不少人赞其“雕镂之精，不在北宋蜀刻之下”。时过八百多年，现在国内已找不到这套《四子》原版，据说在日本尚有藏本，被他们视为国宝。

朱子到台州第一天，唐仲友就把一套精美的《四子》送给他，其目的何在？

无事献殷勤，非奸即盗。唐仲友这次给朱子送书，既非奸也非盗，那他想干什么？

他想让朱子放他一马！

朱子会让他如愿以偿吗？

朱子的纠结

面对唐仲友送出的精美《四子》，朱子一再推辞。

唐仲友急了：朱大人，你跟永康的陈同甫、跟金华的吕祖谦是不是兄弟？

朱子点头：是！

唐仲友：我跟他俩一个是姻亲一个是兄弟，那你说，我们之间是不是兄弟？

朱子应道：是！

唐仲友：现在开始，我不是知州你也不是提举，我们是兄弟，小弟我送一套书给兄长，不行吗？

朱子：行！

唐仲友：那不就得了！

朱子：好，书我收下了，谢谢唐大人！

唐仲友见朱子收下《四子》，很高兴，双方又聊了一会儿天气很热和澡堂子冲凉很舒服的话题，然后唐仲友起身告辞，朱子送到门口。

唐仲友：朱大人，你留步！

朱子：唐大人，你慢走！哦，对了，你还是再派人找找账簿，明天送来吧！

唐仲友：朱大人，这真没办法，钥匙被人带走了！没有十天半月开不了门，放账簿的柜子牢靠着呢，保险柜！

朱子想了想，说道：要不这样，明天你派个人带路，我差人去找那个管理账簿之人，把钥匙取回来，你看如何？

唐仲友拍着朱子的肩膀笑道：朱大人，你看你，做什么事都这样急，明天的事明天再说吧，现在都半夜了，我看你还是舒舒服服去冲澡吧！记住，工作是朝廷的，身体才是自己的，你要做好工作，更要保护好身体啊！

唐仲友打着哈哈走了。

朱子望着唐仲友送来的《四子》，心里一阵纠结。

有人就问了，不是说这个书很值钱很贵重吗？现在朱子收下了唐仲友的书，这算不算受贿呢？

不算！因为按照南宋朝廷的惯例，官刻书籍的刻印费用由官方出，书印出来后，送几部到国子监，剩下的由州衙自己分配，可送给当地书院一部分，还有一部分作为礼品送给来往的各级官员，但不能把公家书籍运回家藏着或卖掉，这属贪污。所以唐仲友送书和朱子收书，都是符合当时律令规定的。当然，后来朱子在离开台州时，还是把这套书还给了台州公使库，也就是充公上缴国家了。这是后话，是一个月后的事情。

朱子收了唐仲友的书，可是没忘记查他的账，接连两天，朱子都在催要账簿，但唐仲友总是借口这借口那，一味搪塞，就是不拿出来。

唐仲友支支吾吾，更让朱子觉得疑点重重，从而更加坚定了他从查账入手的决心。

朱子入驻台州的第三天，他带人前往近郊的天台县巡视。路上遇到天台官员和灾民拦路上访，他们派出代表刘师爷和宋法曹向朱子汇报。

刘师爷告诉朱子：天台县今年要交夏税一万二千匹绢，三万六千贯钱，官府催税催得紧，六月下旬他们就缴纳了五千五百匹绢，两万四千多贯钱！

宋法曹补充道：可是台州知州唐仲友还是不满意，责骂天台知县赵公植不会办事，他直接派人到县里催缴，这伙人可凶啊，收到钱马上就往台州州衙里运。

刘师爷：唐知州前两天又下文说，要我们在七月底全部交清今年的夏税，不然就抓人做苦役。现在整个天台县的百姓都被逼无奈，不少人都逃走当流民了！

朱子：州府的官差在天台胡作非为，你们县令大人呢，他难道不管了吗？

刘师爷：说来您可能都不相信，我们的赵县令已被唐大人派人捉押走了！

朱子大惊：唐大人捉押了赵县令，为什么？

宋法曹：唐大人说我们赵县令催督租税不力，把他捉押到州府，勒令天台百姓十日内交齐夏税，哪天交齐哪天放赵县令回天台。

黄榦：真是荒唐，如此行事，哪是一个知州做派？

蔡沉：是啊，这个唐大人怎么跟山林里的马匪一样，还玩绑票呢！

朱子让黄榦拿笔记下刘师爷、宋法曹等人反映的情况。天台是这样，其他县呢？作为浙东提举，朱子决定再到隔壁的宁海县看看。

到达宁海县衙正值傍晚时分，还没进门，就听到一片嘈杂之声传来，县衙里围了成百上千百姓，大伙正在找知县王辟纲理论。

灾民一：朝廷不是答应我们减免今年的夏税吗，怎么又来逼催？

灾民二：朝廷给我们的赈灾钱款分派到哪儿去了，我们怎么一分也没见到？

灾民三：你为什么派人捉拿、殴打我们？

……

讨伐之声不断，知县王辟纲不知所措，拿来惊堂木狠狠一拍：来人，给我把喧哗之人扭上堂来，杖责二十！

差役冲进人群抓人，灾民反抗。

“救命啊，官差打人啦!”

“王知县打人啦!”

“抓住王辟纲!”

场面顿时失控。殴打声、叫骂声、哭喊声混成一片。知县王辟纲吓得从后门逃出县衙，躲进了县衙旁的一片树丛中。

朱子带队经过，王辟纲慌忙从树丛中钻出来。

朱子看着王辟纲问道：怎么回事?

王辟纲：反了，反了，造反啦!

朱子：走，进去看看!

王辟纲连忙伸手拦住：朱大人，千万不要进去啊，这些人下手可狠啦!

朱子没有理会王辟纲，径直向县衙走去。

朱子见县衙大堂上一片喧闹，于是大声喊道：住手，都给我住手!

双方一看，又来一个当官的，于是停止了打斗，迅速围了过来。

灾民盯着朱子问道：你又是谁?

王辟纲连忙上前：你们可别乱来啊，他可是浙东提举朱大人!

众人一听是提举朱大人到了，立马齐刷刷跪了下来。

一老者跪着说道：朱大人啊，我们可把您盼来了，你得救救我们宁海的百姓啊!

朱子连忙扶起老人家，让众人起来说话。

大伙告诉朱子，唐知州下文，不仅要在本月缴清今年的夏税，还要在今年内还清去年拖欠的所有款项。

老人拉着朱子的手说道：朱大人您是不知道啊，我们实在是被逼无奈，现在只有逃离台州，离家乞讨啊!

朱子看着老人安慰道：老人家，你放心，朝廷不会不管你们的！

朱子抬头望着众人说道：关于今年的夏税，本官马上就找唐知州商量，是减是免还是延迟缴纳，很快就会给大家一个答复，相信本官，都散了回家吧！

众灾民慢慢散去，朱子望着他们的背影，陷入了沉思：朝廷不是已经下令减免税收，台州为什么还把催缴日期提前一个月，而且催缴得如此之急？难道是台州府库虚空，无钱运转了吗？

第五章　消失的账簿

查　　账！

朱子连夜从宁海赶回台州。他明白，要弄清楚心中的疑问，必须从账簿入手。朱子再次找来唐仲友，并让台州通判高文虎也一并到场。

朱子开门见山：唐大人，我等你的账簿好几天啦，你不是故意不给我看吧？

唐仲友哈哈一笑：朱大人真会说笑话，您是提举，您想看的东西下官怎么敢不给您看呢？真的是管账簿的人没回来，等他回来，下官一定亲自给您送来！

朱子：要不这样，我们现在就请个开锁匠，你我还有高通判，咱们三人均在场，一起把柜子打开把账簿拿出来，唐大人，你看如何？

唐仲友当即反对道：朱大人，这……这……这样不妥吧！这可是我们台州的重要档案，不可乱动啊！

朱子：唐大人，你放心，本官这样做也是不得已的办法啊，对吧？朝廷若真要怪罪，由本官一人承担！

朱子转身问高文虎：高大人，你看呢？

高文虎看了看唐仲友，应道：下官没意见！

朱子一挥手：来人，到馆库开锁，拿账簿！

不一会儿，柜锁被打开，里面空空如也，并无台州账簿！

朱子看着唐仲友问道：唐大人，这是怎么回事？

唐仲友：我也正纳闷呢！

朱子：账簿呢？

唐仲友：是啊，账簿呢？

朱子正色道：唐大人，你不要给我打哈哈了，最好是主动把账簿拿出来，不然，如果被我派人搜查出来，大家都不好看！

唐仲友也把脸一沉：你的意思是我把账簿藏起来了？朱大人，吃饭吃大米，说话讲道理。你是朝廷派来赈灾的提举，你不想方设法赈灾，却一天到晚纠缠本官，索要账簿，你是何居心！

朱子哈哈一笑：本官是何居心，日月可鉴，唐大人，你呢？你一再推脱，不肯把账簿拿出来，你又是何居心？你催督租税，扣押天台县令，本官将奏报朝廷，看你如何交差！

唐仲友呵呵一笑：朱大人，您不要吓我哟，唐某也是见过世面的人！

双方不欢而散。朱子很生气，回到驿馆，当即写下弹劾唐仲友的第二道奏状。

……仲友乃儒臣，深蒙朝廷厚恩，让他到地方做官，是为了宣布德泽，他却舞智徇私，不仁不恕，按法律规定，夏税期限是八月三十日，户部擅自要求七月到库，已属违法，仲友又比户部提前一月，羞辱良吏，虐待饥民，令千里之人愁怨叹息，无处诉苦，大大违背圣朝选贤良、恤鳏寡之意……

——朱熹《按知台州唐仲友第二状》节选

第二状的内容依然是以赈灾为主题，他向孝宗讲述了自己在台州的所见所闻，弹劾唐仲友违法催税、骚扰灾民。第一状是三百多字，第二状朱子也没多写，七百多字就结束了。在结尾时，朱子要求朝廷罢免唐仲友，理由是唐仲友赈灾不力，催缴税收太过紧急，浙东流民加剧，唐仲友负有不可推卸的责任。

发霉的草稿

递交完第二状，朱子并没有停下手来，他在亲眼看到台州凋敝现状后，预感坊间流传的那些有关唐仲友徇私枉法、胡作非为的传言应该不是空穴来风，他决定调查真相。

从何入手呢？当然是账簿！按现在的话来说就是从财政报表查起，朱子希望通过看台州两年来的财政报表，了解唐仲友如此催缴赋税到底要干什么，府库里的钱又到哪里去了？

面对朱子步步紧逼的调查，唐仲友是吃不香睡不着。他明白，作为赈灾大臣、浙东提举，查账是朱子的职权范围，作为台州知州，理应交出账簿。可这个时候交出账簿，那么自己曾经干过什么，朱子就会知道得一清二楚，交出账簿的同时就等于交出了自己的身家性命！

账簿不能交，打死都不能交！

唐仲友一直不肯交账簿，朱子的耐心没有了，他决定采取行动。

朱子下令查封台州州衙各大府库，吩咐司理院对唐仲友的住宅实行严密监控，并命令台州副通判赵善伋负责盯住唐仲友，加紧索要台州收支账簿的原件。

唐仲友没有把赵善伋放在眼里。

唐仲友指着赵善伋的脸骂道：你这个狗东西，吃里爬外的家伙，本官平时对你怎么样你忘了？你现在却帮着朱熹来整本官！

赵善伋不卑不亢地应道：协助朱大人赈灾查账，是下官职责所在，下官与朱大人素昧平生，何来帮他？下官与唐大人您亦无仇无怨，何来整你之说？

无论赵善伋如何催促，唐仲友就是不拿出账簿。

拿不到账簿，朱子只得继续调查，寻找别的证据。这时，一名监库官员在府库里翻检时，翻到了一叠废纸。

监库官员拿在手上翻看着，一股霉味冲进鼻孔：奶奶的，这是什么东西？

屋子里光线昏暗，监库官员眼神不好，把它递给一个年轻小伙子：老子眼花，你小子眼神好，看看是啥玩意儿！

小伙子接过一看：头儿，有字，上面有数字，好像是账簿！

监库官员一把夺过：什么？账簿！快给朱大人送去！

很快，这堆来自府库的带着霉味的废纸就被送到了朱子办公桌上。朱子翻看后，断定这是台州收支账簿的草稿……

朱子叫来黄榦和蔡沉两人：交给你俩一个重要任务！

两人望着朱子：老师，什么任务？

朱子一指桌上的废纸：这是台州账簿草稿，你俩用心整理，记住，一张都不能遗失，擦干净排好序给我送来！

二人领命后马上开工，花了一个多时辰，终于完工。

这个草稿本，虽然时间不太连贯，记载的收支金额也不完整，不能反映台州这两年的收支全貌，但里面记载的一些关键数据以及钱款去向以及近二十个涉案人员的姓名，还是比较清晰的，这让朱子很兴奋。在这些涉案人员名单中，不少是台州州衙的官员，还有就是台州城中的一些商贾大户。

朱子发现，仅从去年二月至今年四月一年多时间，唐仲友就从台州钱库里支取了二万八千多贯钱。二万八千多贯是多少钱呢？有专家算过，当时一贯钱的购买力相当于今天 200—250 元人民币。也就是说，唐仲友在一年多时间里支取了大约 700 万元人民币的公款，这些钱到哪里去了呢？朱子决定弄个水落石出。他派人把几个重要的涉案人员收押进监狱，对其余涉案人等实行了监视居住。

草稿本上一个人名引起了朱子的注意，严蕊，严格的严，花蕊的蕊，一看就是女人的名字。

朱子问：严蕊是谁？

赵善伋：台州伎乐司头牌！

一个官妓的名字怎么就跑到台州府库秘密账簿上了呢？直觉告诉朱子，这个女人不简单，这个女人有问题！

朱子：着人即刻传严蕊前来问话！

赵善伋：是！

第六章　严蕊的回忆

赵善伋带人在台州城内没有找到严蕊，几经打听，一个守门的衙役反映，一个多月前，府库的一辆马车离开台州去黄岩，赵善伋以此为线索，很快，严蕊被司理院的官差从黄岩娘家带回，朱子决定连夜审问严蕊。

朱子的第一个问题很简单，开门见山：严姑娘，你说一说，你和唐仲友唐大人是怎么认识的？

严蕊是台州官妓，是个见过世面的女人，面对提举朱子的审问，没有任何的惊慌失措，只听她细声说道：小女子与唐大人相识，缘于一场宴席。

朱子：什么宴席？

严蕊答道：那是唐大人刚来台州不久，高文虎高大人为迎接唐大人摆的接风宴。

朱子：何时何地都有什么人参加，请严姑娘据实道来！

严蕊点头应道：小女子记得那时大概是去年二月，唐大人刚来台州不久，一天，小女子和几个姐妹正在院里玩耍，这时伎乐司陈司监也就是我们的陈头找到我们，说晚上要带大家吃大餐，叫我们几个赶紧回屋打扮打扮。我们问去哪里吃大餐，陈司监这人矫情不肯说。

盛大的接风宴

严蕊向朱子回忆起当时接风宴上的情形。

那天晚上，我和几个姐妹随陈司监离开了伎乐司，到了现场我们才知道，是参加知州唐大人的接风宴，通判高文虎高大人主持，是个高规格的宴会！接风宴办得很热闹，台州州衙的官员几乎都到了，城内有头有脸的人物也都到场了。

都有哪些人？现在回想，能想起的大致有下面这些人：知州唐仲友，通判高文虎，副通判赵普伋，司理参军王之纯，司法参军朱烨，司户参军赵善德，公使库监姚舜卿，什物库监陆侃，伎乐司监陈连升，酒务监严峻，书院教授史清，临海知县陈居安，临海县丞曹格，黄岩知县范直与，天台知县赵公植，对了，记得还有一个离任的官员好像叫楼钥的人也在。除了官员，还有台州的名士钱公、谢公以及谢公的孙子谢希孟等。剩下就是小女子和小姐妹们啦。

有人问，像我们这样的风尘女子怎么能与台州的官员掺和在一起呢？其实没什么好奇怪的，在宋代，官与妓的关系剪不断理还乱，按宋制，官府有重大活动是可以招官妓娱乐的，娱乐活动包括吹拉弹唱、歌舞宴饮，但官员与官妓之间不可以行床笫之欢。迎接新任知州，如此盛宴岂能没有官妓在场？所以我和姐妹们都被叫来了。

酒宴设在台州州衙的后堂，大小厨师均选自临海城内有名气的饭店。夜幕降临，宾客落座，大家脱掉官服一律着便装，一个个头戴东坡巾或幞头，座无虚席。

人到齐，菜备好，自然就是开桌，喝酒猜拳整起来！

喝 花 酒

按当时的社会规矩，越正式的宴席越讲究，不仅酒要好菜要好，还得有官妓歌舞助兴，今天这场酒是迎接唐大人接风宴，办得隆重是必须的，伎乐司的姐妹一个不落，全给叫来了。开桌前，只见伎乐司监也就是老大陈连升站起身来轻拍了三掌，我们几个姐妹手执酒肴丝竹，迈着轻盈的碎步，款款走向餐桌，给桌上的嘉宾沏茶斟酒。

倒好了酒、茶，我和姐妹们就退到一边站着，只见陈连升又站起，拖着长音喊了三个字“方——响——合！”这是叫我们上节目的意思，有人早已抬上铁磬，我们中两个小姐妹上前，以小铁槌轻击铁片，唱的是《霓裳古曲》清音缭绕。曲终，大家不约而同共举盏一饮而尽，这叫头盏酒。

等大家喝完，陈连升又登台喊了一嗓子“雨——霖——铃！”

这次轮到我的好姐妹王静上场了。只见她手执红牙拍板趋身上前，未开唱，众人齐鼓掌，当时王静穿一袭红衣，衣上绣着黄牡丹，表演的节目是自打拍子清唱柳永的《雨霖铃》。

王静这姐们歌喉没得挑，字清声圆，更要命的是她善于眉目传情，凤眼流光一副娇羞状，一时撩得众人兴起，但因为有唐大人在场，大伙不敢造次，只能拼命地鼓掌表达欢娱之情。王静唱罢退场，大伙不约而同地举杯，饮下了第二盏酒。

在我们姐妹们的歌声中，桌上不少官员放开了，一盏接一盏地喝了起来。酒这东西很神奇，酒壮怂人胆，那些平日里见了上司说话都哆嗦的小官员，几杯下肚，说话就正常了；酒也可以让人变话唠，一个平时沉默寡言的人，喝了酒，吹起牛来也是一套一套的。

突然，酒桌上有人喊起了我的名字，说要听我的歌。众人一听，一齐起哄吵着要我上场。

头儿陈连升本来有交代，要我最后上场也就是想让我来压轴，可是见大家如此热情，他不得不提前让我上场了。我今天准备的是一首《贺新郎》，唱这样的言情歌我很拿手。我一唱完，自然是赢得喝彩一片。这些读书人夸起来人那是杠杠的，桌上有人说我的扮相可比名角徐婆惜，有人说我的歌喉直逼当年李师师。这样的溢美之词，说得我都有点不好意思。有人大喊，不过瘾，要我再唱一曲。我不好拂了大家的热情，于是就唱了一首我自己前段时间写的小令：

道是梨花不是。道是杏花不是。白白与红红，别是东风情味。曾记，曾记，人在武陵微醉。

唐大人这人很安静，刚才众姐妹唱了那么多歌，他都没有发表任何看法，只是象征性地鼓鼓掌。没想到，他听完我的这首《如梦令》，却主动站起来带头鼓掌，并夸奖我，说就凭这句“人在武陵微醉”，就可跻身大宋文坛。我听了，很是感动！

接下来，又陆续上了些小品类节目，说的无非是一些男女之事的荤段子，每个节目后便是一轮酒。丝竹声声、欢笑声声，不觉间酒过十巡，高文虎高大人是主持，他看大家喝得高兴，也来了兴致，于是，一挥手，叫我们姐妹们一拥而上，挨个劝酒。有几个小姑娘刚开始还有些拘谨，扭扭捏捏不敢坐到这些官员身边，但几杯一喝便放开了，与众官员嘻嘻哈哈、拉拉扯扯，气氛一下子就达到了高潮。

风雅知州

这场接风宴，大家都玩得很嗨，只有一个人不声不响地坐着，谁呢，唐大人唐仲友。如果没让这个新来的一把手喝高兴，晚上的宴席也就白摆了。怎么样才能让领导喝高兴呢？通判高文虎向陈连升使了个眼色。陈连升轻轻扯了扯王静的长袖，然后指了指唐大人，王静会意，主动地来到唐仲友身边。

王静：唐大人，您来台州给我们当父母官，那是我们台州百姓的福分，小女子代表台州百姓感谢您啊！

唐大人抬头望着王静：王姑娘可不敢这样说，本官到台州还没为台州百姓做一件好事呢，谈何父母官？

王静：唐大人说哪里话，您才高八斗来到我们偏僻台州，这就是做奉献，唐大人，让小女子给您唱一首曲子，表达一下我们台州百姓的心情。

众人一听鼓掌欢迎。王静清唱了一曲《喜迁莺》，唱罢，众人又鼓掌，王静端起酒杯送到唐仲友面前：请唐大人满饮此盏。

唐大人指了指白里透红的脸，推说今晚已经喝高，不能再喝了，以此拒绝，没有接王静递出的盏。陈连升见王静败下阵来，其他女子一时都嚅嚅后退，不敢再上前给唐大人劝酒了。

又是几盏下去，众人纷纷醉倒。大醉、小醉、微醉，个个醉眼惺忪，一时忘了规矩，便有人起哄，要唐大人喝酒，说你是今天席上最大的官，哪能不畅饮呢？你唐大人不畅饮，我们也不敢放开喝啊！

但唐大人很自律，任凭别人喊叫，就是不举盏，大伙最后把眼睛都看向我，希望我出马去攻下唐大人。理由是我是台州伎乐司头牌，而且刚才还得到了唐大人的表扬。我没有退路，只得收拾收拾衣裙，来到唐大人身边。我听人说过，唐大人爱“吟诗作对”，而我小时候也爱好诗词，来台州后，小谢就是桌子角落里坐着的那个年轻人谢希孟，他也教过我不少填词作诗的技巧，按他的话说，我是他认识的女人中诗词写得最好的。这给了我很大的信心。今天，我想赌一把，我主动找唐大人玩诗词游戏，他一听，来了兴致。

唐大人问我：你是如何习得填词作诗的？

我小声应道：小女子幼时随家父背诵诗词，闲时便小作几句，自我娱乐！

唐仲友兴趣又增，连忙说道：女子能填词作诗者，可谓凤毛麟角，你且作来，让本官见识见识。

我顺杆而爬提出要求：唐大人，如果小女子作得尚可，大人可得满饮一盏！

唐仲友点了点头。众人不再言语，有姐妹奏起音乐，营造氛围让我酝酿词句。写什么好呢？今天晚上，所有人都喝得尽兴，看上去都是红光满面，可是，有几个人知道我心中的痛，尤其是面对席上的谢希孟，一个我最熟悉的陌生人，我心中有万千愁苦在心头啊。我心说，在你们的欢歌笑语中，就写写我此时的心绪吧！

不一会儿，我就提笔写好了，我写的是一首宝塔诗。我扬了扬手，示意音乐暂停，润了润喉咙，站在台上念了起来：

快
灯恍
楼阙敞
风卷回廊
小亭湖边唱

佳人一舞未央
柳枝抚水涟漪荡
裙袂不经意染荷香
芳心已暗许难解惆怅
尘世辗转数年人间仓皇
谁道流年似水留伊人红妆

我一念完，大家掌声不断，齐声叫好。听到大家的赞扬，我心中一片得意，心想唐大人你不是才高八斗吗？那就让我来考考你！

于是我娇声说道：小女子斗胆请唐大人也来上一首，不知大人可否赏脸？

我的这个建议立即引来一阵叫好，叫好的都是在场的官员，唐大人的手下。没喝酒前，这些人一个个似乎很怕上司的样子，说话做事都唯唯诺诺的，可是酒一喝大，管你唐大人不唐大人，大声吆喝着：来一首，唐大人，来一首！

才子佳人，这是中国文人心中最理想的搭配。在他们眼里，此时此刻，我是佳人唐大人是才子，如果我俩能酒桌赛诗，也是一段文坛佳话。

听着同僚们的吆喝声，唐大人坐不住了，只见他站起身先是意味深长地看了我一眼，然后向众人摆手道：严姑娘果然才艺双绝，她前面唱的那首《如梦令》，超凡脱俗，而让人看到了严姑娘心地高洁，现在这首宝塔诗，则又充满了灵性，飘逸着清气，荡漾着新意，好生令人佩服！

众人以为唐大人要吟诗了，都认真地听着，没想到唐大人话锋一转：你们台州这个酒是什么酒啊，酒劲这么大，一喝就上头，现在我是脑袋一片空白，别说作诗，我现在是说话都说不清楚啦，改日，改日唐某人一定作诗一首，感谢大家对唐某人的关照之情！

唐大人如此说辞，我微笑着没有说话，在座的众人不答应了，只见末座的谢希孟站起身说道：唐大人不必过谦，我们都知道您是出口成章，今夜就小露一手也让我等开开眼吧。

这话赢得一阵附和的掌声，大家都希望，新官唐大人今天晚上过得开心。唐大人见躲不过了，写诗或喝酒，今晚总得选一样，他最终选择了喝酒。

只见他起身举盏说道：诸位，我满饮此盏，感谢严姑娘作的好诗，我为台州有如此才女感到自豪！

唐大人说完一饮而尽，众人见一把手喝酒了，也不好再强求他作诗。于是，纷纷举杯喝完，然后各自继续寻欢作乐，酒会在热热闹闹中继续着……

第七章　蒋辉的故事

从严蕊的回忆中，朱子并没有听出什么不妥之处。作为初来乍到的唐仲友，他在这场接风宴上的表现可以说是合规合矩，没有任何违反规定的举动。都说酒桌上能看出一个人的人品，唐仲友这次在酒桌上表现出的是一个标准的“士大夫”形象。这样一个有文艺有涵养的官员，按理说台州老百姓应该很喜欢才对呀，怎么一路上，听到的全是众人对他的不满和怨恨呢？朱子想不通。

这时，有衙役敲门禀报，说是抓到了一个爬墙而逃的贼人。

朱子：哪儿抓到的？

差人：唐大人府上！

朱子：怎么抓的？

差人：我们奉命在唐府二十四小时蹲守，不想子时一过，发现一个穿黑衣戴黑帽的家伙从唐府爬墙而出。

另一差人补充道：我们蹲在墙下一声不吭，安静地看他爬上墙，等他一着地，我们就扑上去摁住了。

朱子心想：半夜出唐府，而且是不走正门爬墙走，此人定有蹊跷！

朱子让人把严蕊收监，隔日再审，然后让衙役带路。

朱子：走，带本官去会会这个“夜行人”！

很快，朱子见到了这个被抓的人，他叫蒋辉。蒋辉是个汉子，死活不肯交代他和唐仲友的关系。

蒋辉：想关想杀随您便！

朱子：说说你和唐仲友的事吧！

蒋辉：唐仲友是谁？不认识！

朱子：就是台州唐大人。

蒋辉：不认识！

朱子：不认识？那你为什么半夜从他家跳墙逃跑？

蒋辉：中秋节快到了，小人想偷点东西换钱回家！见这座宅子气派得很，就选它下手啦！

朱子：你可真会挑，一挑就挑中唐大人的宅子！

蒋辉双手一摊：可宅子里人多热闹，小人什么都没偷到，逃出来时，哪里想到有官差在墙下守着！

朱子：你家在哪里？

蒋辉：婺州义乌。

朱子：本官刚去过那里，在金华旁边对吧？这几年你家乡义乌也是水旱灾害不断，老百姓死的死逃的逃，天灾无情啊！

蒋辉：小人十九岁离开婺州，十年了，没有回过家，有家不能回！

朱子：为什么？

蒋辉：说来话长！

朱子：能否说来听听？

蒋辉：破落人的破落事，有什么好听的？

朱子：看样子你三十岁不到吧？挺精神的一小伙，为什么就断定自己是破落人呢？

蒋辉：唉，一言难尽！

朱子：说来听听。

蒋辉：好吧！

蒋家少年

我的老家在婺州义乌的一个小镇上。镇有个村叫蒋家村，山清水秀，是个好地方。蒋家村有家远近闻名的刻书作坊——三桂堂，是我一个远房表叔开的，作坊不大，有二十来号工人，作坊里分工明细，书写工、开字工、印工、表褙工，一应俱有。

我爹死得早，穷人的孩子早当家，十岁起，我就到三桂堂当工人，表叔的儿子跟我一般大，长得矮墩墩的，因年纪相仿，他和我感情很好，我叫他“小墩子”，他叫我“瘦猴”。没事干的时候，“小墩子”就要我跟他一起听私塾先生上课，几年下来，他一套“三百千”也就是《三字经》《百家姓》《千字文》没背下来，我却能倒背如流。私塾先生很看好我，认为我是个可造之才。另外，我这人手特灵活，刻字方面无师自通。十七八岁，我就成了三桂堂最好的开字工。什么是开字工呢？就是在木板上刻字的工人，算是雕版印刷中最关键的一个工种。印书质量的好坏，很大程度取决于刻字的精美度，所以好的刻字工非常吃香，特别受作坊主的青睐。

我技术好，而且和作坊主是本家，还跟少东家一起长大，是同穿一条裤子的好哥们，有这几层关系，我在三桂堂可拉风了，是二十多个工人里工资最高的，别人睡通铺我睡单间，平时吃饭也不一样，别人吃快餐，我吃的是小炒。

又因为我长得高高瘦瘦一身秀气，按现在的话说，就是有点娘，脱了工作服换上长衫，特像秀才，陌生人见了，都以为我是三桂堂的账房，甚至有书商把我当成了三桂堂的少东家。谁也不会把我与脏兮兮的开字工联系起来。

按理说，这样的工作环境和待遇，作为一个技术工，应该很知足了，可人啊，就是这样，永远不知道满足。当时的我，总想着：世界那么大，我得去看看！

我一心要离开小镇离开三桂堂，我自己都不清楚打何时有了闯世界的想法，我傻傻地想，凭自己这身精湛手艺，窝在蒋家村这个山旮旯里实在太委屈了自己，必须得走出去。

我虽然想离开蒋家村离开三桂堂，但是我开不了口啊，毕竟东家待我不薄，像亲儿子一样，“小墩子”也待我如兄弟，我是作坊的骨干，如果没有特殊原因，突然提出要离开的话，于情于理都说不过去。所以，我一直在等机会，一个能让自己冠冕堂皇离开蒋家的机会。机会很快就来了！

少奶奶的嫁妆

在我十九岁那年，三桂堂出事了，事情不大但影响很不好，三桂堂的少奶奶也就是“小墩子”的老婆，她说藏在箱底的嫁妆——一幅春宫图不见啦，说这是祖传物件，必须得找回来。

少奶奶缠着“小墩子”追查此事，要死要活的就差拿把剪刀戳自个脖子。“小墩子”被缠得没办法，只好答应调查。他让少奶奶提供有价值的线索，以便于破案。

没想到少奶奶回忆了半天，突然蹦出一句：我怀疑是“瘦猴”！

“小墩子”：媳妇，你可别乱说，“瘦猴”可是我的好哥们好兄弟啊！媳妇，你真瞧见啦？

少奶奶：瞧是没瞧见！

“小墩子”：那你咋能说是他呢？

少奶奶：他平时就喜欢在后面偷看我走路！

“小墩子”沉默了，对于我的过去，他是再清楚不过了。我这人啥都好，就是有点好色。有时一些胆大的姑娘见我瞧她们，骂我是流氓，骂的人多了，名声就不好了。少奶奶是本村人，对于我的这些“光荣事迹”自然是晓得的。

少奶奶既然怀疑是我，“小墩子”便差人找到我，想就此事问个明白，给他老婆一个交代。当我来到少东家面前时，他有些不好意思地看了我几眼。

“小墩子”：“瘦猴”，问你个事！

我：什么事？

“小墩子”：这段时间你有没有去我屋拿过东西？

我满不在乎地应道：没有啊，怎么了，“小墩子”？

“小墩子”：我媳妇说，她藏在箱底的那幅画不见了！我以前给你看过的那幅画！

我一听少东家“小墩子”这话，心里立马有数了，我大声叫道：他妈哪个鸟人又在背后说我坏话了？你媳妇的春宫图不见了，关我什么事啊！

“小墩子”见我矢口否认，而且还这么大声嚷嚷，很生气：蒋辉，你王八蛋，你的毛病别人不知道我还不知道吗？别忘了咱俩可是穿开裆裤一块长大的，你从小就好那一口！

听“小墩子”这么一说，我那个火啊，腾腾腾地往上冒，我很快想起来了，小时候不光我偷看过女人上茅房，还带着少东家一起偷看过。现在是你少东家不认人，冤枉我蒋辉，你不仁就不要怪我不义。

这时众多工友听到动静，跑来看热闹。我对着所有工友大声说道：你们知道吗，我们的少东家，对，就是这个“小墩子”，他也好不到哪里去，他当年在玉米地偷看女人尿尿崴了脚，还是老子背他回的家！

众人听了大笑，“小墩子”那个气啊，可又没办法反驳。当时确实是和我一起在玉米地偷看过河对面余墩村的张寡妇尿尿，因他动作太大被发现，我俩逃走时他一脚踏空崴了脚，是我赫哧赫哧地把他背回家的。

“小墩子”粗着脖子红着脸骂道：蒋辉你个缺心眼的，再怎么着你也不能偷我媳妇的东西呀，她可是你大嫂啊！

我也顾不得许多，随即也提高嗓门道：你才缺心眼，你哪只眼睛见我偷你媳妇的春宫图啦？

“小墩子”鼻子一哼道：除了你还会有谁？

言下之意是咬定我了，我可受不了这个冤枉气，我把手里的刻刀一扔：奶奶的，你们冤枉人，老子不干了！

梦断临安

我是铁了心要离开小镇离开三桂堂，我一心想着去京城临安创造新的生活。我幻想着在京城发家致富，娶妻生子。我甚至想着有一天，坐着八抬大轿，带着妻子儿女，荣归故里。

一技在身，走遍天下。我清楚自己刻书手艺有多好，关于未来我一点儿也不担心。我的目的地京城临安，对于临安，我也不陌生，几年前我去过那儿，当时是随三桂堂老东家去临安送书。临安的奢华，临安的热闹，在我脑海里印象深刻，那是一个我做梦都想去的地方。

离开三桂堂，几日后，我便抵达了临安。进入这个花花世界，我并没有丝毫的陌生感，我仿佛天生就属于临安，属于大都市。

当时，临安城内书坊林立，而我好比手握大学毕业证书的“北漂”一族，心中还是有几分底气的。可走了好几天，脚都起泡了，都没有找到我满意的工作，我决定小歇一晚，第二天再去试试。

都说在家日日好，出门事事难。我走在街上突然间感到好孤独，我在一家叫“钟家印行”的店铺前停了下来，伸长脖子朝铺子里望，铺子里，长长的柜台后是三面书台，书台上整整齐齐码满了新书。我鼓起勇气走了进去，以蚊蝇似的声音朝柜台上的老者问道：请问您这可否需要开字工？

老者正聚精会神地看着书，我看到了封面，应该不是什么正经书，好像是春宫图之类的，他看得正带劲，被我这么一扰有些不快。

老者瓮声问道：客官，您这是要买何书？

我一听这话心里咯噔了一下：这老头心不在焉啊，我有说过买书吗？我心里这般想着，可嘴上仍客气道：小人是想在贵处求份活干，不知东家要人否？

老者一听不是顾客，立刻便没好气地应我不要人，不耐烦地挥手把赶我出了店门。

碰了一鼻子灰的我，只好灰溜溜地退出了铺子。我不知这些大城市里的人到底是啥习性，怎么话没说明白就往外赶人？那老头看起来多斯文的一个人啊，怎么也喜欢看春宫图，怎么处起事来也这般粗鲁？看来这临安也并不像我心中想象的那般美好。

我在街巷间晃来晃去，一条巷子挨着一条巷子地晃着。我急切地寻找工作。因为我发现身上所带的那点银两支撑不了几天了。

一天，我在临安北大街看到了一家店铺，上书“黄氏书铺”。这铺子很气派，气派的面门就是实力的象征，有实力就说明工人多。我背着褡裢在铺子外特地整了整衣服，深吸一口气，然后鼓了鼓腮帮子吐出腹中浊气。有经验的人，一看我这两个动作就知道我又怯场了。是的，你猜对了，我真的怯场了，但怯场归怯场，我还是鼓起勇气进入了黄氏书铺，一番简短对话，我再次被人驱赶出来。唉，临安这么大，找个工作怎么这么难？这让我很窝火！

我想不明白这些大都市的人凭什么一天到晚牛哄哄的样子，我这么好的手艺怎么就没人要呢？我在蒋家村那可是书坊老板们家家都想要的奇货，没想到一到临安居然成了没人要的大白菜！

这次离开三桂堂，是自己辞的职，而且还跟少东家撕破了脸，搞得我现在想回去都不好意思开口了。我只得饥肠辘辘地拖着疲惫不堪的双腿往客栈走去。

第八章　千里寻书

朱子听着蒋辉的讲述，眼前这个“南漂”青年好像跟唐仲友八竿子打不着。但直觉告诉朱子，这个看上去落魄的开字工一定跟唐仲友有关系，一种非同寻常的关系！

但是蒋辉不肯招，朱子一时也没办法，虽然当时衙役们都热衷刑讯逼供，碰到嘴硬的，几天审不出来的疑案，一顿棍棒招呼，打晕了，抓起手在事先准备好的供词上一按，就算结案了。但朱子对此种做法非常反感，他向往那种以德服人、以法服人的司法境界，所以，一再交代下属，不可刑讯逼供，千万不能制造冤假错案。

蒋辉不肯向朱子说实话，朱子也没有难为他，把他先行收监，让他再好好想想，想起什么了，随时报告。

忙了一整天，回到驿馆已是半夜时分，朱子睡不着，他敏锐地感觉到，台州的案子越来越复杂了，唐仲友的罪行可能已不再是赈灾不积极、催租逼税不按政策办事这么简单了，唐仲友身上似乎还隐藏着更大的不可告人的秘密。

朱子坐在灯下，拿着发霉的草稿账簿反复研究。草稿本上有一处记载让朱子很敏感，那就是唐仲友主持刻印的公使库本《四子》。据记载，当时台州公使库一共是印制了六百零六套，但比对后发现，有 375 套去向不明。这些书去了哪儿呢？

作为一个州府，几百套书不见了，放在今天，根本不是什么大事，但是在八百多年前的南宋，那就不是小事啦，前面给大家聊过，版本好的书是非常值钱的，尤其还是制作精美的成套书籍，更是珍贵，不少普通人家拿它作传家宝压箱底。在宋朝，虽然已有了雕版印刷，但刻书还真是个烧钱的玩意儿，雕版印刷费真的不便宜，有人算过，一套《四子》的成本至少要3—5贯钱，成书后市场价可卖到8—10贯，8—10贯在南宋是多少钱呢？据换算，1贯钱相当于250—300元人民币，一套书就是二三千元钱。

这么珍贵又值钱的东西，不见了好几百套，那就是大事情，朱子也是爱书之人，对这类事情很敏感，他决定对这批书的去向进行调查。

捐 书 太 学

书去哪儿啦？第一个要问的人是谁？当然是什物库监陆侃。

朱子：当时《四子》印出来后，据说是你办理的清点、交接手续？

陆侃抬头看了一眼朱子：是的，不错，是我清点和登记造册的。

朱子：造册登记的是多少套？

陆侃：606套！

朱子：除了两百多套有据可查，其他书呢？

陆侃：不晓得！

朱子：你怎么会不晓得呢？由你清点造册，由你保存管理，书到了哪里你会不晓得？

陆侃没有回答。

朱子看了一眼陆侃：三百多套书在你手上没啦，你不说，那就是被你贪污了，如我把这事上报朝廷会是怎么后果，你应该明白。

陆侃不在乎地应道：朱大人是想吓唬下官啦？

朱子：不是吓唬，是据实向朝廷上报罢了！

陆侃：朱大人想上报就上报吧，这个什物库监谁想当谁当去！

朱子：不想当官了？为什么？

陆侃：哪有那么多为什么，我就是粗人一个，从小山野长大，看不惯你们这群腌臜读书人做的腌臜事！

朱子好奇地看着陆侃：你说自己是粗人一个，你是怎么当上这个什物库监的呢？

陆侃：还不是我那个官迷丈人爹，没儿子撑门面，非要出钱给我这个女婿捐个官当当，说这样他在台州才有面子！

朱子：我看你也不是作奸犯科之人，你清点造册的书，怎么就少了那么多呢？难不成被你私下送给你丈人爹啦？

陆侃：放屁！

衙役：放肆！

陆侃：不好意思，朱大人，我是个粗人我丈人爹比我更粗。他当年先是靠杀猪后来开客栈赚了钱，成了天台的富户，他到现在还大字不识一箩筐，书对他来说比狗屎还臭！

朱子：这样说来，书被你卖了，你把钱款贪污了？

陆侃发誓道：哪个龟儿子才干这种事！朱大人，贪污钱款、吃拿卡要的勾当，我陆侃从来不干，实话告诉您，名册是我叫人造的，但书却被别人运走了！

朱子：谁？

陆侃：马澄！

朱子：公使库衙役马澄？

陆侃：对，就是他，他当时找到我说，唐大人交代，让我把三百套书给他，由他带人送往临安太学。

朱子：你把书给他啦？

陆侃反问：难不成我能驳了唐大人的面子？

朱子：这么说来，这不见的三百套都在临安太学了！

陆侃：有没有送到临安这个我就不知道了！这个你要问马澄，他干的事！

朱子：你手里没个交接手续？

陆侃：我把书交给马澄，拿出清单要他签字，马澄不乐意了，他说自己只是奉命行事，书又不是运回他家，他不肯签这字。最后被我逼急了，他甩出一句，要签字找唐大人签去！

朱子：你去找唐大人啦？

陆侃：找啦，唐大人说，捐书太学，这是文化公益活动，不属于政务，他就不签字了。他让我放心，还表扬我办事用心，说让我再锻炼锻炼，以后调我到更重要的岗位！

马澄没签字，唐仲友也没签字，书就这样从台州运走了。朱子心中有个疑问，临安太学不缺书，你唐仲友想让太学里的人知道你编了《四子》，送个三五套过去就可以了，用不着送三百套啊。

朱子小声嘀咕着：送这么多书给太学，这不合常理啊！

凡是不合常理的事，背后往往都有蹊跷。朱子让人把这件事的第二个当事人公使库衙役马澄带来。

两天前，朱子让人把账簿上的重要涉案人员进行了收押，马澄就在名单上。很快，衙役把马澄从监所带到堂前候审。

朱子：马澄，本官问你，半年前，你把三百套《四子》运到什么地方去了？

马澄看着朱子道：朱大人，你问我有关书的事呀，这书可好啦，我奉唐大人之命送到太学，太学的教授们看了，一个劲地夸我们唐大人有才呢！

朱子：别扯没有的，我问你，三百套书由谁接收？存放于何处？可有太学的凭证带回？

马澄：朱大人啊，那是半年前的事啦，我哪记得清啊。

马澄眼珠一转：对了，朱大人，你是来赈灾的，怎么管起送书的事？

朱子一拍惊堂木：大胆马澄，本官问你话，你据实说来便是！

马澄一惊：朱大人啊，书确实是送到太学了，但凭证嘛，人家没给啊！

朱子：你为什么没要？

马澄：朱大人，你想呀，你送几本书给人家，还找人家要凭证，这多不好意思！再说，我们唐大人也没说要凭证啊！

马澄回答得没有破绽，朱子一时也无法断定这三百套《四子》的去向。他准备派黄榦前往临安太学一问究竟。这时，两个人前后脚来到驿馆找朱子，说要控告唐大人。这两人，一个是光头和尚，一个是做买卖的商人。

唐大人的荒唐事

朱子把两人请进寓所，一番交谈后得知，商人姓高，专门从事鱼鲞（海鲜）批发生意，和尚姓吴，曾是台州报恩寺的住持。

朱子看着两人暗想，商人与唐仲友扯上关系这好理解，和尚怎么也对唐仲友不满呢？他让吴住持先说。

吴住持告诉朱子，自己在寺里干得好好的，可是一年前的一天，唐大人派了几个衙役来到报恩寺，把他锁了带到台州州衙。

朱子：唐大人为什么锁拿你？

吴住持：他说我逛妓院犯了淫戒。

朱子：那你有没有逛妓院，有没有犯戒呢？

吴住持：朱大人，我冤枉啊，我十岁出家，一心向佛，从来没有犯过戒啊！

朱子：那唐大人为什么要冤枉你？

吴住持：他看中了我的位置！

朱子听了笑道：你说唐大人觊觎你的住持位置，他想当和尚啊，不会吧？

吴住持：朱大人，不是唐大人想当和尚，是他想把我的住持位置拿来卖钱啊！

朱子一听，甚感惊讶：有这等事？吴住持，你把事情经过慢慢说与本官听！

朱子招来黄榦，让他在一旁做好记录。

吴住持告诉朱子，因为唐仲友看中了寺庙里的香火钱，把自己赶走后，让他的老乡名唤介登的假和尚做了报恩寺的住持，交由他管理台州境内的所有寺庙。在介登的操纵下，一年时间不到，台州五县所有寺庙的住持、方丈都换了一遍，而要当住持，就得掏钱，根据寺庙大小，从几百贯到几千贯不等。

朱子疑惑道：这也可以卖钱？

吴住持：大人如不信，您可以派人前去调查，台州不少佛门中人对此都很有意见！

黄榦记录完毕，把笔一放叹道：只听过卖官鬻爵，今天可长见识了，寺庙住持也能买卖，荒唐！

这时，坐在一旁的高老板接话道：要说荒唐，还有比这更荒唐的事呢？

朱子转身看着高老板：什么荒唐事？说来听听！

高老板说，自己从祖上起就专门从事鱼鲞（海鲜）生意，到现在已经是五代了，算是海鲜世家。三个月前，自己运了一船鲞鲑到金华贩卖，海鲜一般都是用竹笼装，一船有几百个竹笼，可是船刚到了金华，就被唐仲友知道了，放出话来，不许他售卖，也不许别人收购他的鲞鲑。

朱子：唐仲友在台州任知州，怎么到金华管起你卖鲞鲑的事啦？

高老板：朱大人，您是不知道，唐大人在老家金华产业可多了，有鱼鲞店，有印刷坊，有彩帛铺。

黄榦不解道：唐大人长期在外地为官，最近三五年来，先在信州现如今又在台州，他哪有空闲打理这么多生意？高老板，你不会告错人了吧？

高老板：错不了，唐大人虽然没有直接经营生意，但由他的儿子们打理，我的货一到金华，就被拦截住了。他们先是派人找到我，要我以低价全部批发给一家叫海丰鱼鲞店，我自然不肯，我们在商言商，做买卖遵循的就是一个愿买愿卖的公平原则，对吧？

朱子：这是当然，你不同意，后来呢？

高老板：他们当时并没有为难我，等我把货搬上岸，到处联系金华的鱼鲞店，发现没有一家愿收我的。一打听，原来是海丰鱼鲞店的人传话了，谁敢收我的货就拆了谁的店！

黄榦：他只是吓唬人的吧，谁敢这么大胆？

高老板：后来我一打听才知道，原来海丰鱼鲞店就是唐大人的儿子开的。朱大人，您可能还不知道唐家在金华的势力有多大吧？别说拆一个鱼鲞铺，就是拆一座房子都是一句话的事！

朱子：再后来呢？你那船鲞鲑怎么样啦？

高老板：我能怎么样，你也知道，海鲜这东西，时间一长就变味，那几天我是急得眼睛充血牙龈上火啊。最后，唐家海丰鱼鲞店再假惺惺地以好心人面目出来，以半价收购下了我的这船鲞鲑！

黄榦：唐家收这么多鲞鲑去干什么，他一家店又卖不完。

高老板：唐家收去可不是自己卖，他是把我的货低价买去，然后一转手就赚了一倍的钱啊！

朱子：唐家这是欺行霸市，如果你所说属实，他们就是黑恶团伙，是朝廷打击的对象，你可以报官啊！

高老板站起身来：朱大人啊，我当时就报官了，金华当地的官员一听牵涉到唐家，就直接告诉我，这个官司不用打了，打了也白打。我后来一打听，在金华吃亏的远不止我一人啊，可以说，在金华，只要被唐家盯上的生意，就没有跑掉的！

朱子听了，沉默着没作声。

高老板发现朱子案桌上放着一套《四子》，于是上前翻看。

高老板：朱大人您也有这套书啊，前些日子，我也给小儿买了一套！

朱子一惊：你买了一套《四子》？

高老板：是啊，我们做买卖是为了赚口饭吃，这年头，想要出人头地，还得靠读书啊！古人说得好，书中自有黄金屋，书中自有颜如玉！

朱子：你再看看，你买的书跟本官这套是不是一模一样？

高老板又仔细看了一遍《四子》，里里外外都不放过。

高老板：朱大人，我的书跟您这套绝对是一个版刻出来的，错不了！

朱子：你的书是哪买的？

高老板：金华啊，费了我十贯钱呢！

朱子怕高老板记错了，马上命黄榦随高老板回家取书，他要亲自确认。

很快，书取来了，朱子将此书与唐仲友送来的《四子》一一比对，果然是一个雕版刻出来的。

朱子望着两套一模一样的《四子》，心中思索着：唐仲友在台州府库印的官版《四子》，怎么会出现在数百里外的金华书店里？书店里是仅有一套呢，还是有大批量存货？

金华书店里的《四子》从何而来，这是个必须弄清楚的问题。朱子决定让黄榦和蔡沉马上出发，赶往金华一查究竟。

朱子：高老板，你能否把买这套书的具体位置和店名说一说？

高老板：没问题，我记着呢，朱大人如有用得着小人的地方，只管吩咐。

朱子用手捋了捋颔下胡须说道：这次到台州，本官发现唐大人身上有不少问题，但均无从下手，这书有可能是查案的一个突破口！

高老板一听此话，主动提出亲自陪去金华。

高老板：朱大人，唐大人来台州近两年，把台州搞得饥民四起、人心惶惶，如此官员，让我等台州百姓寒心，希望朱大人主持公道，为台州百姓好好治治这个唐仲友，我的马车就在外面，我愿陪您的弟子到金华走一趟！

朱子拱手致谢：谢谢高老板。

四进士书坊

要去查访，自然得乔装打扮一番，黄榦扮书生蔡沉扮书童，高老板装成富商，三人同行前往金华。

高老板的马车很高档，马健壮，车夫赶车技术也好，一天时间，便从台州赶到了金华。

三人直奔出售《四子》的文轩书屋。书屋面积不大，但布置高雅。三人进到店内，四处张望着。

见有顾客入店，伙计热情上前招呼。

伙计：请问客官，想要买什么书，告诉小人一声，小人给您取来。

黄榦看着伙计，礼貌地点了点头：请问有《四子》一书吗？

这时，掌柜走了过来，只见此人五十开外，头戴纶巾，颇有几份儒雅之气。

伙计介绍道：这是店上王掌柜！

王掌柜朝黄榦等人拱手道：各位客官，谢谢光临本店。

王掌柜请大家入座，让伙计端来茶水。

王掌柜：各位客官，请用茶！

众人喝茶。

高老板喝了一口，赞道：好茶，这可是上好的西湖龙井？

王掌柜伸出大拇指：客官乃高人也，一口就喝出西湖龙井，对了，客官，我看你好生眼熟，你我是否在哪儿见过？

高老板：王掌柜你忘了，半年前我曾到贵号买过一套书，你可记得？当时还是你亲自收的钱呐！

王掌柜一听，再上下打量了高老板一会说道：不错不错，我想起来了，你是台州的高老板！

高老板：对对对！

王掌柜：我记得你当时买了一套《四子》对吧？

高老板：对对对！王掌柜，不瞒你说，我这次也是为《四子》而来，我侄儿看了我带回家的《四子》，那是爱不释手啊，也想买一套，所以我就特意陪他来买书了。

王掌柜摆手道：迟了迟了，我店里可没《四子》卖喽！

黄榦：怎么，全卖完了？

王掌柜：那倒不是，我也不瞒你们，这套书本店是替人代售，两天前，东家派人来把五十余套书全部运走了！

高老板：为什么？不卖啦？

王掌柜：这个我就没细问啦！

黄榦露出一幅失望的样子：唉，我这次可是千里迢迢而来，没想到无缘购得啊！

王掌柜看着黄榦：听口音，客官不是江浙人士。

黄榦指了指蔡沉道：我二人是福建人，这次到江浙游历，在姑父家看到《四子》一书甚是喜欢，特来拜访，想购得一套带回福建。

蔡沉：是呀是呀，我们公子可是喜欢这套书得紧，紧赶慢赶来你店里，没想到还是不能如愿！

高老板：王掌柜，你看我们也是诚心想买这套书，你就想想办法吧！

黄榦也说道：是呀，王掌柜，您就帮帮忙，您看我们也是一番诚意过来，而且是带回福建，多不容易，您就行行好吧。

王掌柜：各位，我手上真没这套书了，我是替四进士书坊代卖此书，你们如果真想买，到四进士书坊看看，或许还能买到。

黄榦等人一听，连忙致谢：有劳王掌柜带路，可好？

王掌柜是个实诚人，同意了。很快，黄榦等人便找到了四进士书坊。这是一家中等规模的刻印书坊。进到坊内，不少工人正在干活。

王掌柜找到这边的朱掌柜，说明来意。

朱掌柜是个瘦高个，天生一幅猪腰子脸。他打量着黄榦等人一会，摇头道：我们书坊主要是刻印一些历书，没有你们说的什么《四子》！

王掌柜听了说道：朱掌柜，前两天不是你派人到我书店运了一车的《四子》回来吗？你就卖一套给他们吧，他们可是福建来的朋友，来一趟不容易！

朱掌柜一听是福建来的，立马脸色一紧：什么，你们是福建来的？

黄榦等人点头道：是的，晚生是福建福州人氏！

朱掌柜一听是福州人氏，稍稍放心。

朱掌柜：不错，前两天我是奉了东家吩咐派人到你店里取书，但书没有运到这里啊，东家运到哪里去了我也不知道，抱歉啊，让你们白跑一趟。

说罢，让众人离开。

出书坊门不远，三人正在犯愁，这时后面快步追来一小哥。

小哥追上黄榦等人说道：三位客官，听说你们想买《四子》？

蔡沉：是的，你是怎么知道的？

小哥：你们跟朱掌柜说话的时候，我路过听到的呀！

高老板：小兄弟，看你上气不接下气追来，想必有要事找我们。不知是何事？

小哥：不瞒三位客官，我是这个书坊的油印工，你们要买的《四子》，我手上正好有一套，你们要不？

蔡沉一听，一拍他的肩膀，高兴地叫道：要呀，小哥哥，你怎么不早说！

小哥做了个止声的手势，小声说道：不瞒三位，这书是东家让我搬书进地窖时，我看书装帧精美，就偷偷藏了一套在路边树丛中，仅此一套啊！

蔡沉看着小哥：书是你偷的呀！

小哥：搬书东家没给我钱，我拿他一套书作工钱，怎算偷呢？对不？

高老板：也是，也是！

小哥领着三人来到距书坊一箭之地的一片小树林中，在一大树下，他飞快地刨起地上的枯叶，不一会儿就露出一树洞，洞里塞着一捆油纸包，打开纸包，里面正是《四子》。

小哥把书递给黄榦说道：本来我想背回老家压箱底，刚才看你们一心要求此书，我就想呀，反正我家没个像样的文化人，把书卖给你们算了！

黄榦接过书，细细翻看，正是台州府库版本，于是说道：正是我想要的书，小哥，这套书多少钱出手？你出个价吧。

小哥伸出两个手指：二十。

蔡沉一听，惊讶道：二十贯，这么贵！

小哥：不贵不贵，我敢肯定，现在整个金华城，你能找到的《四子》仅我一套，三位客官，一口价，要，我就给您打包，不要，我们就权当不认识！

小哥装着要收书的样子，黄榦伸手拦住道：行，二十就二十！我们一个子也不少小哥你的，打包吧！

小哥边打包边夸奖黄榦：秀才我见得多了，但像公子这样干脆大方的秀才，我还是第一次见，公子，我祝你十年寒窗，早日金榜题名！

黄榦一拱手：谢谢小哥吉言，真有那日，我专程来请小哥喝酒！对了，小哥，你刚才说，是你把一车的《四子》藏到地窖的，好好的书，藏地窖干啥啊？

小哥摇了摇头：我也不知道，我就一做工的，东家怎么说我就怎么做罢了。

小哥指了指天上的烈日笑道：可能是这书太金贵，东家怕热坏了，所以要把它藏进洞里避暑吧！

黄榦：小哥哥，这个藏书的地窖在哪，你能告诉我们吗？

小哥摇了摇头。

黄榦：你不知道？

小哥又摇了摇头。

蔡沉：小哥，你到底是知道还是不知道啊？

小哥：我知道，但我不能告诉你们！

蔡沉：为什么？

小哥：这是东家的秘密，我可不能乱说！

高老板：你东家是谁呀？

小哥：我东家那可霸气啦，婺州唐门你们知道吧？

黄榦：你东家姓唐？

小哥：是啊！

黄榦：是个年轻人？

小哥：是啊，我们东家江湖人称金华螳螂！

小哥边说边作了螳螂捕蝉的动作。

蔡沉笑道：是这个螳螂啊，我还以为是唐家少年郎的郎呢，小哥哥，能否带我们认识认识这只螳螂吗？

小哥正色道：我劝大家还是赶快带着书离开罢，如果被螳螂知道我偷卖了他的书，不仅我会遭殃，你们也走不了的！

黄榦：这么凶啊！

小哥：你们不知道当地人怎么形容我们东家的啊，他们说“宁遇山中一条狼，不碰金华一螳螂”，我们东家狠着呢！

小哥不肯说出藏书之所，黄榦等人只好先行离开，四人回到文轩书屋。

王掌柜让伙计泡上茶，喝茶聊天。

黄榦自语道：婺州唐门，唐门婺州，看来唐家是个名门望族啊！

王掌柜应题：那是自然，在我们金华，提到唐家，那是家喻户晓，人才济济，黑白通吃啊！

黄榦听了很高兴，恳请道：王掌柜，我从小就喜欢听故事，你能给我讲讲婺州唐门故事吗？

王掌柜点头同意了。

第九章　婺州唐门

话说婺州城内，有一户自称莒国公唐俭后人的唐姓人家，几代下来，一直默默无闻。南宋初年，唐家突然中兴起来了，家族中有一支人丁兴旺，先后生了四个儿子，如果是一般人家，取名可能就是大毛小毛二狗傻蛋什么的，可唐家不一样，他给四个孩子分别取名：唐尧咨、唐尧封、唐尧举、唐尧卿。一听这名取的，忒有文化。

这四人长大成人，做官的做官，经商的经商，确实不负家族众望，让唐家从默默无闻开始闻名乡里。

唐门四进士

老大唐尧咨和老三唐尧举一直在城里做生意，一家染布，一家刻书，日子过得很红火。前面提到的那个“宁遇山中一条狼，不碰金华一螳螂”的螳螂就是老三唐尧举的孙子唐士彪。

老四唐尧卿本来在婺州城里做鱼鲞（海鲜）生意，赚了不少钱，房子也建得最好，但这人总感觉干个体不踏实，一心想着要当地主。

唐老四为什么有这样的思想呢？这还得回到那个时代去看问题，在古代，衡量一个人是否有钱最直接的办法就是看他有多少家产，古代有钱人的投资理财观念跟现在人不大一样，他们喜欢买地，买来后放在那里，一心一意种庄稼。在南宋初期，社会动荡不安，治安一直是个问题。家财万贯有可能被偷被抢，说没就没了，而土地歹人抢不去，除非是自己断子绝孙没后代了，否则永远都是你的。古代有钱人买田地也不是一亩两亩地买，而是整片整片买来，买来后全家兄弟姐妹迁移到此居住，这就形成了一个原始的小村落，经一代又一代繁衍生息，便形成了今天的“王村”“张村”“刘家庄”“李家庄”。买地、迁居、修族谱，世代香火不断，这是中国村落甚至世界村落形成重要方式之一。

当年，唐老四唐尧卿用马车载着钱四处打探，最终在婺州所辖的兰溪县十四都这个地方看中了一片地，买下后举家迁了过去，过上了快乐的地主生活。这个村子就是今天兰溪县黄店镇的篁屿村，唐家族谱里记得清清楚楚。

唐老二唐尧封这人跟老大老三老四都不一样，他不喜欢做生意也不喜欢当地主，他就喜欢读书且擅长读书，宋高宗绍兴二年(1132年)，他考取了进士。鲤鱼跃龙门，有了功名，然后就留在朝廷为官，任殿中侍御史，正七品，官虽做得不大，但属于京官，能见着皇帝，能第一时间知道朝廷动向。虽说没地方官方便捞钱，但在老家人面前倍有面儿，说出来也风光，啧啧，在京城为官，了不得。

唐尧封娶了几个老婆无从考证，只知道他生了三个儿子，分别是唐仲友、唐仲温、唐仲义。这三个儿子都继承了他“会读书”的基因，三人经过努力，都考取了进士，唐仲友绍兴二十一年（1151年）进士，唐仲温绍兴二十四年（1154年）进士，唐仲义绍兴三十年（1160年）进士。

三个儿子再加上老爹唐尧封，一门四进士，而四人中，尤以唐仲友最牛，是个学霸型人才。

学霸唐仲友

从史料记载看，唐仲友绝对算得上是一个学霸，十六岁就考中进士，很明显，这是首考即中。在仕途上来说，唐仲友要早于老乡吕祖谦和陈亮。唐仲友做官十年后，吕祖谦才出门做官。少年得志加上官宦之家出身的优越性，养成了唐仲友冷傲的性格，成名太早容易让人得意，特别是一个十五六岁的孩子，想想我们十五岁在干嘛呢？周末读书回家还在向母亲撒娇，而十六岁的唐仲友就在朝为官了。

十六岁的孩子为官能做什么事呢？秘书省正字，这是唐仲友的第一份公职。“正字”是官名，主要工作是与校书郎一起勘校典籍、订正讹误。唐家有子初长成，不久，唐仲友就由“正字”升为著作佐郎，在著作郎的领导下从事编撰工作。九年后，二十五岁的唐仲友又考中宏词科，正式被授予建康府学馆教授（正七品），到南京任职了。

青年唐仲友，虽是文官但也是满腔热血，面对金国入侵，28 岁的唐仲友给当时的丞相张浚上书：金人欺人太甚，议啥和啊？掏家伙开打！并提出了自己的抗金三策：越淮而战为上策，沿淮而守为中策，夹淮而戍为下策。这是什么站队？这是积极的主战派啊！

三十出头，唐仲友在南京任职期满调回京城，因为政绩考核不错，升为从六品，任职秘书阁奉议郎，还是从事编书、修书的工作。

一门四进士，唐家的这份荣誉与成绩，放在哪个朝代，都是响当当的，翻遍史书，古往今来，你难以找出十户这样的单个家庭。

唐氏家族，要钱有钱，要地位有地位，要文化有文化，在金华，绝对称得上是大户中的大户，名门中的名门。

名门想永远是名门，大户想继续当大户，要做到这点，最省力的办法是什么？当然是联姻！

名门大联姻

“门当”与“户对”是古建筑中大门的重要组成部分，可以说，有“门当”的宅院一般都有“户对”，这既是世俗观念的一种体现，也是建筑学上的和谐美学原理。

“门当”是指门口的石墩，这种石墩的形状有圆形与方形之分，据说圆形指武官宅第象征战鼓，方形为文官府第象征砚台。砚台与战鼓，一文一武，形象直观！“户对”是置于门楣上或门楣双侧的木雕或砖雕。“户对”数量与官阶品级的大小成正比，官阶越大“户对”越多。

“门当”“户对”渐渐成了社会观念中男女婚嫁时考量的重要因素，如果相当就适合结亲，不相当则不适合结亲，比如富家小姐与穷秀才就不能在一起，芝麻小官与王侯将相就不能攀亲。古往今来，在“门当户对”世俗观念影响下，拆散了很多恩爱情侣，比如梁山伯与祝英台，就因为门户不相当，被逼得双双殒命，成为千古绝唱。有家长的门户偏见，自然就有青年男女的反抗。反抗成功了，是喜剧，反抗失败了，是悲剧！不信，你自个翻开古代传奇小说或戏曲剧本，里面全是这些。

下面，一起来数一数南宋初年，婺州境内都有哪些名门旺户？金华县有唐氏家族，代表人物为唐仲友家（一门四进氏）；王氏家族，代表人物王淮；吕氏家族，代表人物吕祖谦；义乌县有何氏家族，代表人物何恢；宗氏家族，代表人物宗泽；永康县有陈氏家族，代表人物陈亮。

整个婺州，上得了台面的就这几家，他们之间又是种什么样的联姻关系呢？

金华名门王家的杰出代表王淮娶了同郡义乌大族何家之千金何氏为妻，唐仲友又娶了王淮夫人何氏的侄女为妻，而王淮的亲妹妹嫁给了唐仲友的二弟唐仲温，何氏家族中的另一支何恢，生有三个儿子六个女儿，嫁的女婿也是非富即贵，何恢的大女儿和二女儿的夫婿分别是唐仲友的三弟唐仲义和永康名士陈亮，何恢的三女婿叫宗楷，宗楷没名气，但他有个很牛的爷爷叫宗泽，当年岳飞当兵，就是在宗泽手上报的名。

因为唐仲义和陈亮有个共同的老丈人，二人成了连襟，这样一来，唐仲义的哥哥唐仲友与陈亮也就成了亲戚，又因为唐仲温娶的是金华王家的千金也就是王淮的妹妹，唐仲友又与宰相王淮成了亲戚。理一理，你会发现婺州的王家、唐家、何家、陈家、宗家，几大家族，其实就是一家！

第十章　一笔大买卖

黄榦等人在金华千里寻书这几天，坐镇台州的朱子也在忙碌着，他又想起了那个满嘴跑火车的刻字工蒋辉。这小子深更半夜从唐仲友家爬墙跑出来，还说不认识唐大人，谁信啊？

蒋辉，你娃不老实！朱子让人把蒋辉带来，他要好好再问问。蒋辉一见朱子，又大声喊起冤来。

蒋辉：朱大人，小人真不认识那个什么唐大人，小人就是想偷点东西换钱回家看老娘，看在小人盗窃未遂的份上，您就放了我吧！

朱子：好好好，你说不认识唐大人就不认识唐大人，我呀找你来没有别的意思，就是想听你的故事，上次你的故事说一半，让本官好生挂念。

蒋辉好奇道：朱大人还有这等闲心？

朱子：初来乍到，无聊得很！

蒋辉：行，朱大人不嫌小人啰唆，我就陪您解闷！朱大人啊，古人说"否极泰来"，古人说的话对着哩，上回我不是跟您说过吗，我在临安四处碰壁混不下去了，这让我很痛苦，我甚至有了回婺州三桂堂的念头，回去好好给少东家"小墩子"认个错，只要他肯收留我在三桂堂工作，他冤枉我偷了他媳妇的春宫图我也认了，我当时是破落到了这个地步，朱大人你可知道啊，人穷志短，说的就是我蒋辉这样的人啊！哈哈，没想到老天可怜我，给了我一个改变命运的机会。

一张告示

就在我打点行李准备回老家婺州的时候，我在桌下捡到了一张告示，我拿着告示去见了一个人。谁呀？朱大人，这人您可能认识，他就是广德军临时代管军政的张栻张大人。张栻这人可了不得，他是著名的“中兴名相”张浚之子。

朱子点了点头说道：没错，本官不仅认识张栻张大人，还和他是至交好友。你怎么又和他扯上关系哪？

蒋辉：张大人可是我的贵人啊，他跟朱大人您一样，是个文化人，他到广德军任职时，想刻一本叫什么《太极图说》的书，张大人这人做事很讲究，做一个事就想做成精品，他要刻《太极图说》，但广德军的刻字工都令张栻不满意，于是他便悬赏寻找优秀的刻字工。悬赏的告示贴满了当地大大小小的告示栏和客栈。有个从广德军到临安做买卖的商人，刚好用这个告示包裹物件，在临安刚好和小人住在同一客栈，住店时把告示当废纸扔在了桌下。那天，我收拾行李正准备滚回三桂堂时，发现了这张告示。我是刻字高手，我就是张大人要找的人才啊。就是这张告示，让我和张栻两个原本八竿子都打不着的人联系在了一起。

那天我拿着告示去找张大人面试，张大人说，小伙子，你说你是刻字高手，你现场露一手给本大人看看。

要考我刻字，我不怕，一个时辰不到，我就刻了一版，张大人一看，大喜。

张大人：你小子行啊！比当年我爹宰相府里的开字工还厉害！

我一听，忙应道：谢谢大人夸奖，张大人您才了不起啊，才高八斗又出自宰相之家，您才是人中龙凤啊！

张大人拍了拍我肩膀：小伙子，你就留在我广德军好好刻字吧！

就这样，我跟着张大人留在了广德军一个叫桃花镇的地方。从此，我由一个农民工变成了政府部门的临时工，这让我很兴奋。

“损友”叶老八

在桃花镇的印刷作坊里，有个同事叫叶老八，是一名印刷工，来自金华。这人从小不务正业，喜欢舞刀弄枪，据说使得一手好棍法，三十多岁了，还没成家，成天做着一夜暴富的发财梦！

叶老八没老婆，发了工资就喜欢逛瓦舍也就是老百姓说的窑子，自从我来到作坊后，他就常带着我一起到瓦舍快活。唉，逛瓦舍这事不能沾，一沾就上瘾。这个狗日的叶老八，害我从此丢了魂，被那些妖艳女子折磨得欲罢不能，隔三岔五就往瓦舍跑。

我发现一个叫小芍药的姑娘长得实在可人，于是，一有钱就找她，有点把小芍药当成了自家媳妇的感觉，隔日不见就心痒痒，而且还忌妒她与其他男子上床。按规定，要想把妓女娶回家，首先得给她赎身，赎身费用得是白花花的银子，从数百两到数万两不等。我是个穷刻字工，别说给小芍药赎身，就连长期包养的能力都没有，我只好十天半月去一次，就这样，兜里还紧巴巴的。为此，我向叶老八借了几回钱，叶老八倒是大方，只要我开口，从不推脱，但总不能隔三岔五找人借钱去嫖妓啊！

小芍药还算是个讲情义的女子，见我是个纯情少年，不像一般富家公子那般作践女人，就经常劝我，要我以后少来这种乌七八糟的地方，娶个正经女人过日子。可我哪听得进去，一辈子头回有女人这般跟自己交心，我感激涕零，当下就眼泪一把鼻涕一把的抱着小芍药哭了。我恨自己无能，恨不得自己家有座金山、银山，取之不尽用之不竭，可天下哪有这等好事。

兜里没钱当然去不成瓦舍了，每天工作之余，只能待在作坊里唉声叹气。

看到我思念小芍药魂不守舍，叶老八搂着肩把我拉到小炒店喝酒。心中有事，喝酒易醉，几杯酒下肚，我就有些迷糊了。

叶老八看着我，关切地问道：蒋辉兄弟，又想小芍药了吧？

我没吱声，算是默认。

叶老八：也是，你看小芍药长得多水嫩一捏都能捏出水来，哪个男人见了不心动！

我看着叶老八：叶哥，我跟小芍药好上了，我想她，她也想我！

叶老八：既然想她，还坐这干啥啊，赶紧去啊！

我拍拍口袋：你说得轻巧，我哪有钱啊？

叶老八装作恍然大悟的样子：哦，是哟，想看小芍药得花钱！

我坐在那里，双手抱头，痛苦地把手指插进头发，长长地叹了口气：唉！

叶老八坐在一旁：有钱男子汉，没钱汉子难啊！

我把拳头往地上一砸：老子要挣钱，要挣大钱！

这时叶老八说话了：兄弟啊，我就等你这句话啦！

就等我这句话，叶老八，你什么意思？

叶老八盯着我：想赚钱，那就听我的，我包你赚大钱，我观察你很久了，觉得你就是我一直想找的好搭档！

我不解地看着叶老八，我第一次发现这个看上去老实的叶老八原来不老实。

叶老八付了账把我拉到一个树林里，如此这般地跟我说了半个时辰。

直到这时我才知道，叶老八原来是个胆大妄为者，他多年来一直想干件大事，那就是伪造会子（会子是南宋于高宗绍兴三十年即1160年由政府官办、户部发行的货币，仿照四川发行钱引的办法发行，起源于临安，是宋朝发行量最大的纸币）发财致富，但叶老八自己不会刻字，他只是一名印刷工，叶老八想要伪造会子，就必须有个优秀的刻字高手配合。他一直在寻找这个人，直到我的出现。

叶老八说：我手上就有个挣大钱的买卖，不知兄弟敢不敢干？

我说：什么买卖？除了杀人越货当土匪我不干，其他的，只要能赚钱我都干！

叶老八一拍我肩膀：哥哥怎么会让你去做杀人越货当土匪那样的事呢？我说的这事啊，只需在我们作坊里就能干成，事成后，你我就有用不完的钱想怎么花就怎么花啊！

我一听有这等好事，来了精神：叶哥快说，什么好事，只要能挣钱，我蒋辉干了。

叶老八凑着我的耳朵小声道：你不是刻字么，刻字和刻会子有啥区别没？

我一听明白了，顿时傻眼了，这可是掉脑袋的勾当，狗日的叶老八，你别害我，我还年轻，我还没娶媳妇生儿子，我还想多活几年！我说得很激动。

叶老八见我急了，也不和我吵，只是拍了拍我的肩膀：好吧好吧，这种事你不愿干我也不逼你干，只是看你穷成这个样子我才好心告诉你，你就忍心看着你的小芍药被别的男人抱上床开心快活吗？

说到小芍药，我的心都要碎了，我痛苦地低下了头。

叶老八继续说道：再说了，人与其穷一辈子不如放手一搏，活着为了什么，不就是图一个快活么，缩手缩脚不是大丈夫所为。记得有个什么人说过：男子汉大丈夫，活着的时候不能九口锅吃饭，死了也要九口锅来煮。

我纠正道：你没文化就别装斯文，人家说的是“大丈夫，生不能九鼎而食，死亦当九鼎而烹！”

叶老八一巴掌拍在我背上：对，对，对，就是这句！

我低头沉思了好一会儿，然后问叶老八：叶哥你给我说实话，这事真有人干过？

叶老八小声说道：自通行交子以来，多少人造过假币啊？干这种事的人多了去，你不干自有大把的人干，饿死胆小的，撑死胆大的。

叶老八这话没说谎，北宋时期纸币一面世，就有人制造假钞，历史上都记着呢。

我思考了几分钟：此事容我好好想想。

叶老八：可以，但你只能一个人偷偷想，千万不能告诉任何人，包括小芍药，也不能说！

我点了点头。

试造官会

接下来几日，我脑子里一直在纠结，一个是“印会子”，一个是“砍脑袋”，印与不印把我折磨得吃不好睡不着。一天晚上，我做了一个梦，梦见小芍药被一个富家子弟用八抬大轿抬回了家，我在梦里哭得那个伤心啊！

第二天起床，我拿定主意要与叶老八合作，我想明白了，叶老八说得对，一辈子穷受罪还不如放手搏一把。我还想起了我爹说过的话：马无夜草不肥，人无横财不富！

叶老八就等我这话，见我同意了，自是乐不可支。事不宜迟，我俩马上就暗地里着手准备，印会子，这可是高新技术活，要干成难免会遇到一些麻烦。

第一件麻烦事，不会书画。对我而言，刻啥图案、纹饰以及文字都不是难事，难就难在绘图上。我没有绘画功底，做不了这种绘图的活，叶老八粗人一个，自然也不会，俩人都不会咋办？这种杀头的事又不能求助于第三者。怎么办，我思前想后，想出了一个办法，那就是针扎法。具体来说就是以针扎纸钞，在木板上留下针孔，然后把针孔连接起来就成了图纹。这种方法的准确度还是蛮高的，缺点是线条生硬，不够流畅，容易被行家识别出来。但我们想钱想疯了，一时也顾不了这么多，一心只想造假钞。

第二件麻烦事，我俩手上都没有会子大钞，两个穷汉子，哪会有大面额的纸钞。没有样钞我即使有天大的本事也造不出假钞来啊。叶老八决定找人借，这小子嘴利索，不知他用什么谎话，反正是把样钞给借到了。

刻字所需的木板不是问题，作坊里有的是，虽说不能明拿，但偷偷拿几块还不是什么难事，难的是纸张。

纸张就成了第三件麻烦事。印会子的纸张是特殊优质钞纸，不是印书的那种普通纸。这世上，有些东西有钱也不一定能买到。

但是，办法总比困难多。

很快，这个问题也被叶老八解决了，他通过自己的亲朋好友在徽州购得精品钞纸，虽说没少花钱，但事总算办成了。

接下来便是刻印章，之后，我俩就这样胆大包天地在广德军府地桃花镇开印了。几块花板、几枚印章、朱黑双色墨、特殊纸张、欲望的双眼、昏暗的油灯、挑灯夜战……

忙乎半个月后，我俩共印了会子四百五十道。叶老八说太少了，再印几百道，我没敢答应，我决定见好就收。捏着整沓的自制会子，我的第一个想法就是直奔小芍药的房间，但这时，叶老八找我谈话了，主要说了两个问题。

叶老八：蒋辉，我告诉你，小芍药那儿你千万不能再去了！

我不解地问：为什么？

叶老八：桃花镇是个小地方，你以前都是拿着一点小碎银去逛窑子，现在突然拿着这么大面额的会子去找小芍药，瓦舍的人不怀疑你才怪！

我不满地应道：可我伪造会子就是为了小芍药啊？我不去找她，我造会子还有什么意义？

叶老八伸手曲指，狠狠弹了一下我的脑壳：你傻啊，天下失足女子多得是，良家女子也多得是，有钱是大爷，有钱你还去嫖妓？

我觉得叶老八说得有道理：行，我答应你，小芍药那儿我就不去了！

叶老八盯着我的眼睛：你可要记住了，伪造会子可是杀头的罪，这件事只有天知地知你知我知，绝不能再让其他人知道！

我看了叶老八一眼，没想到一个大老粗，做起坏事来头脑也这么灵光，坏人也有大智慧啊！

我点头应道：叶哥说得对，天知地知你知我知，哪天你被抓了，千万不要供出我啊！

叶老八当胸给我一拳：你才被抓呢，狗嘴里吐不出象牙！

我们又坐下商量了好久，最终决定，找个借口，迅速辞职离开广德军。

辞职了，要走了，我对着小芍药所在瓦舍的方向，无比深情地望了好一阵子。小芍药，我走了，你会想念我吗？

行李提在手上，伪钞揣在兜里，我离开了桃花镇。

有钱了底气就足了，走路都带风。站在一个三岔路口，我和叶老八决定分道扬镳，各自寻找自己的快活。

辞工离开桃花镇，我也想不到去哪个大城市，只有京都临安熟悉些，那就直奔京城吧。一路上，在无人的角落，我总喜欢偷偷打开随身的包裹看几眼那些伪钞，虽说做工有些糙，但在那样简陋的条件下能造出这样的货色，我都为自己的手艺叫好！

作为农村进城的务工青年，穷怕了，现在有钱了，总得扬眉吐气一回。如何扬眉吐气呢？那就找个最能花钱的场所去风光一把。最能花钱还不算，还得人气足的地方，否则显摆给谁看呢？锦衣夜行没人喝彩，多没意思！这样的地方有吗？有！在古代，最有钱的地方就是京城，在京城，最让人快活的地方就是瓦舍。京城临安有钱人多，瓦舍自然也多，而且临安的瓦舍比广德军那小地方的瓦舍豪华多了。以前我看演出，大多时候是咽口水的份，这次不同了，我腰包里有钱而且是大钱，我要了个好位子大摇大摆地坐着看表演，一场接一场看。看完了，挑个中意的姑娘快活一晚。

法网恢恢

人生如此，夫复何求！我在临安没有朋友，没人及时告诉我乐极生悲的道理！

第一天，付了钱，我是安全的；

第二天，付了钱，我依旧安全；

第三天，法网恢恢，我被抓了……

我被关进了牢里，每到晚上，我就开始在心里暗暗骂人，先骂小芍药，再骂叶老八，最后骂自己。

……

日子在我咒骂中流逝，很快就到了淳熙四年（1177年），这一年，工部尚书韩彦直兼职临安知府。

关于韩彦直韩大人，很多老百姓不认识，但说起韩大人的爹大家都熟悉，“中兴四将”之一的韩世忠就是。我听说书人说过韩世忠梁红玉两口子黄天荡大战金兀术的故事，那可是荡气回肠啊！

父母如此，当儿子的应当也不会太差！韩彦直忠勇直追其爹。在淳熙初年，他受命就任遣金使，去北方和金人谈判，坚贞不屈、大义凛然、视死如归，很让金人钦佩。出使归来，宋孝宗连连称赞，马上升官，从吏部侍郎升为工部尚书。

这么大的官，对于我这种小案子，按常理，韩大人是没空亲审的，他在朝中大小差事多如牛毛。具体是他手下哪个官员审的我，我也记不清了，反正案子审完报韩大人知会，请示如何量刑。韩大人说，伪造会子是死罪，念在此人伪造的不算多，而且还没来得及投放市场，对社会危害不大。韩大人心地仁慈，饶我不死，给我判了个黔印充军。

不幸中的万幸，我的小命保住了，刺配台州。在台州后干什么呢？在州府开的酒务处做杂役。作为低等的酿酒杂役，我每天的工作很辛苦，就是把堆成小山的酒糟翻来翻去，纯粹的体力活，夏天还得经受高温蒸气，唉，但再苦，总比死了强。在台州酒坊里，我苦撑了一年多……

一年后，我的刻字绝活再次给我带来了好运。一个偶然的机会，台州新来的知州沈揆得知了我有刻字手艺，立马召见了我。

沈大人开门见山问我：你是伪造会子犯的法？你刻刀使得好？

我：嗯！

沈大人：要不刻一版字给本大人瞅瞅？

我点点头，于是沈大人让人拿来刻板刻刀，要我当场刻字。

沈大人是行家，一看：啊呀，刻得不错呀！行，你留下刻字别回酒坊了。

我当时绕不过弯啊，心里还记挂着酒坊服役的事，问沈大人：酒坊那边没了我怎么办？

沈大人哈哈一笑说，此事你就不用管了，安心刻你的字便是了。

我不放心，还傻不愣登地说：到时酒坊反映我不好好改造，要加我刑期怎么办？

沈大人免了我的服役，按大宋律，这不合法，他无权这么做。但是，沈大人为了让我安心刻书，他想了个变通的办法，让人代役。

南宋，因为战乱不停，穷人很多。很快，州府差役找来一个年轻人，名叫邹阿力。

差役：喂，按月领工资，替人代役干不干？

阿力：在哪干？干啥活？

差役：活不累，在州府食堂酿酒坊里干活。

阿力：州府食堂呀，好地方，有保障，小民愿意。

差役：行，那你今儿个就去上班吧。记住，多干活少说话，老老实实做人。该说的说，不该说的一个字都不说，记住了没？

阿力：嗯嗯，谢谢官老爷。

从此，我在酒坊的身份就被一个叫阿力的人顶了，而我开始了印书坊的刻书生活。这一年是淳熙六年（1179 年），我负责刻《颜氏家训》。

朱子打断了蒋辉的回忆：你在台州印书坊工作了多久？

蒋辉：一年多吧，沈大人离任，印书坊也就解散了！

朱子：新任知州唐大人来了，印书坊有没有继续开工？

蒋辉：我不知道，我已经离开了，唐大人长什么样，我都不晓得！

朱子：后来，你去了哪里?

蒋辉：我能去哪里?我脸上有金印没人要我做事，就在台州有一天没一天地过日子，后来实在没法子，为了活命，就时不时干点小偷小摸的事!

朱子一拍案桌，大声喝道：蒋辉，你撒谎，你竟敢当堂欺骗本官，你该当何罪?

蒋辉被朱子这一喝问给吓蒙了，连声说道：朱大人，我说的可是实话啊，你看我把自己以前逛窑子、造假币的所有破事都向您汇报了，我怎么会骗您呢!

朱子站起身看着蒋辉：你说你不认识唐大人，你说你在唐大人来之前就离开了台州印书坊，可我这段时间在查阅唐大人的相关材料时，多处看到你蒋辉的名字，你不仅没离开，你还帮唐大人牵头刻印了《四子》，是与不是?

蒋辉见事情无法隐瞒，扑通一声跪下：朱大人，小人有罪，小人有罪啊！朱大人，您可要救我啊！我半夜离开唐大人家，就是逃命啊!

朱子盯着蒋辉：此话怎讲?

蒋辉：唐大人要杀我灭口!

朱子正待说话，这时黄榦等人来到大堂，告诉朱子，失踪的几百套《四子》找到了，连人带书已经押运回到了台州府库。朱子听了很高兴，让人把蒋辉收监，择日再审，自己立即赶往府库。

第十一章　陈连升自首

朱子来到府库，府库里摆放着一堆的《四子》。三百余套除已被卖掉的一百五十套外，剩下的一百多套都被黄榦等人追回。

朱子欣赏地看着黄榦和蔡沉：说说吧，你们是如何找到这些书的。

蔡沉兴奋地道：师公，这个说来话长了，还好我跑得快，不然就回不来了！

朱子：哦，难道他们敢向你们动手？

蔡沉：何止动手，他们都动刀啦，幸好我从义乌搬来救兵，不然我们可能就见不到师公您啦！

朱子看向黄榦：真有如此凶险？

黄榦点点头：是的，老师，当时我们通过一个书坊小哥，找到了四进士书坊的藏书地窖，不想，书坊少东家也就是唐仲友三叔的儿子螳螂带人挥舞着棍棒赶来！

朱子：我不是告诉你们，找到线索后不要擅自行动，要找当地衙门帮忙吗？

蔡沉：师公有所不知，金华知县畏惧唐家就如耗子见到猫！

朱子：这又是怎么回事？

黄榦向朱子讲述了千里追书经历。

人赃并获

黄榦告诉朱子，当时他们得知书籍被人藏在地窖后，在文轩书屋王掌柜带路下，前往金华县衙求助，可县令一听是四进士书坊的事，马上就犹豫起来，只派了两个老弱衙役陪着去取书。一行人刚来到四进士书坊，书坊少东家人称“金华螳螂”的唐士彪就带人操着棍棒呼啦啦冲过来了，他们顿时把我等团团围住！手下大喊着要打死我等扔进地窖，有人动手把我和高老板按倒在地，还好蔡沉灵活，见势不妙，抢先下手，夺过棍棒打出包围，连夜逃到了义乌求救。

义乌李县令是吕祖谦学生，吕祖谦与朱子是至交，朱子长子朱塾十四岁就在吕祖谦处求学，义乌县令与朱塾是一起长大的同学，李县令为人正直，对唐家在婺州的所作所为甚是反感。一听到朱子弟子黄榦被抓，立即亲自带着数十名衙役赶到金华，包围了四进士书坊，逼唐士彪交人。

唐士彪指着李县令道：你知道我是谁吗？

李县令：不知道！

唐士彪抬手打了个响指，对手下说：告诉他！

手下得意地道：你们听好了，这可是婺州唐门的螳螂唐爷，他伯父就是大名鼎鼎的台州知州唐仲友唐大人，京城宰相王淮王大人也是我们唐爷的亲戚！

李县令：本官不知什么唐知州王宰相，本官只奉朱大人之命，前来捉拿尔等不法之徒，来人，把这个螳什么螂的家伙给我锁了！

唐士彪还想反抗，义乌来的衙役们冲上去一脚踹倒，按住捆了。一刻钟功夫，就干净利索地把书从地窖中取出装车，封了书坊。唐士彪被捉拿带走，连人带书一并押送台州。

大闹公堂

既然人押到了，那还等什么？开堂审问吧。

朱子：堂下何人？

唐士彪把头偏向一边，不理朱子。

衙役把廷杖一放，双手握住他的头往下扳：小子，你老实点，朱大人问你话呢，好好回答。

唐士彪看着朱子，冷笑道：朱大人，好威风啊，你敢动本少爷试试？只要我回到金华，老子就让你儿子朱塾好看！

唐士彪把头昂得高高的，衙役们用力往下按：小子，在朱大人面前还敢放肆，你找打是吗？

唐士彪：你打啊，老子从小到大，什么人没见过。

朱子喝道：放肆，给我掌嘴！

衙役听到命令，扬手就是两嘴巴子打在唐士彪脸上，唐士彪没想到朱子敢下令打他，一时被打愣了。

唐士彪回过神来，大声叫嚣着：朱老头，你敢打我？老子要告你！

朱子：你告我什么？

唐士彪：我告你私设公堂，我要让伯父奏报朝廷，撤你的职！

朱子：你伯父是唐仲友对吧，我正有话问你，台州府库里的几百套《四子》，怎么从台州跑到你金华书坊里的？是你伯父唐仲友送过去的吧？

唐士彪：老子书坊里的书当然是自己印的啦，你硬说老子书坊的《四子》是台州府库的，你官大你要冤枉老子，老子没话说！

朱子：唐士彪，你说本官冤枉你，那本官给你看样东西！

唐士彪：什么东西？

朱子：你伯父送给本官的礼物！

唐士彪不屑道：我伯父会送礼物给你？你面儿大啊！

朱子哈哈一笑：小伙子，本官跟你伯父的关系你不懂，好着呢，我一来台州，他就送书而且还亲自送到我房间，你想不到吧！

朱子让蔡沉从里屋抱出唐仲友送给他的《四子》，又拿来一套从金华四进士书坊地窖中找到的《四子》，两套书摆到了唐士彪面前。

朱子指了指书说道：你自己翻翻吧，你说书坊里的《四子》是你们自己印的，怎么就这么巧，你印出了跟台州公使库里一模一样的版本！

唐士彪没有翻书，而是一言不发地站在堂上。

朱子：怎么不说话啦？

唐士彪突然睁大眼睛看着朱子：就算两套书一模一样，又怎么样？老子就从台州偷书啦，你能奈我何？要定我的罪也是我伯父唐大人来定，轮不到你来掺和！

朱子冷笑一声：是吗？本官看来，事情不是这么简单！

唐士彪盯着朱子：你想怎样？

朱子：这事是你伯父唐仲友指使你干的吧？

唐士彪大声道：放屁，老子一人做事一人当，这些书都是老子从台州府库偷的，你想杀想打由你便，有本事冲我来，不要扯我伯父！

朱子：可是你伯父唐大人却参与了啊！

唐士彪盯着朱子，恨恨地道：老朱头，你不就因为当官当不过我伯父，做学术又做不过我伯父，你就想着法子来整我伯父，老朱头，告诉你，我跟你没完！

朱子哈哈一笑：小伙子，当官当不过你伯父，这点我承认，但在学术上，我还真没把你伯父放在眼里，不跟你说这些，小伙子，我们继续谈你和你伯父偷书的事！

唐士彪：你这个老王八蛋，我说是老子干的就是老子干的，我伯父根本就不知道这件事！

朱子拍了拍唐士彪的肩膀：小伙子，你说你伯父唐大人跟这件事没关系，我再让你见一个人！

朱子转头吩咐衙役：带马澄！

很快，马澄被带到。

马澄见到朱子，拱手行礼道：小人马澄见过朱大人！

朱子：马澄，你认识这个年轻人吗？

马澄看了一眼唐士彪，点了点头：回朱大人，小人认识此人！

朱子：怎么认识的？

马澄：此人是唐大人三叔的儿子，在金华开书坊，唐大人来台州后，他经常跑到台州玩耍，一到台州他就和唐大人的几个公子一起，要我带他们到台州伎乐司找姑娘取乐。

唐士彪把眼睛睁得牛眼大盯着马澄道：你说谁呢？谁找姑娘叫你带路啦？

马澄冷笑道：你可贵人多忘事啊，你们哥几个每次到伎乐司，从来不付钱，每次都是让我想办法到公使库报账，你忘了！

朱子：马澄，你当着大家的面，详细说说你是怎么把这些台州的几百套《四子》交给唐士彪的！

马澄：好的。

马澄回忆说，自己当初把书从什物库监陆侃手里领出来，假借捐书太学的名号，把书运出城后，就按唐大人的吩咐，把书交给了早已等候在城外的唐士彪，由唐士彪把书运回金华。

朱子：当时唐大人怎么说的？

马澄：唐大人说，有人问起，就说把书送到临安太学了！

唐士彪否认道：马澄你放屁，老子才没在你手上接过什么书！

马澄：你就认了吧，朱大人说啦，坦白从宽，早点说了早点了事！

唐士彪：狗日的马澄，我伯父可没亏待你啊，你这样害他老人家！

马澄冷笑道：算了吧，你伯父对我好？他想弄死我他想让我当你唐家的替罪羊，这是对我好啊？

唐士彪：马澄，你胡说！

马澄：我有没有胡说，你回去问你伯父就知道了，你小子进来了，我看你也回不去了！报应啊，哈哈——

马澄大笑后继续说道：你就在牢里等着吧，我祝你唐家几兄弟，对了还有你伯父唐仲友一起到牢里过中秋！

唐士彪：马澄你——

马澄刚被抓时，任凭朱子怎么审问，都不配合，死硬死硬的，为什么现在却突然反水呢？这个弯转得有点让人吃惊，这其中又经历了什么变故？这还得从一个人的主动投案说起。

逼迫与要挟

陈连升，台州伎乐司监，擅长文艺，言谨慎微。这些天，台州很多官员都因名字在朱子发现的草稿名单上而被带到司理院问话，不少人问完话就直接被关进了监狱，台州官场有种山雨欲来风满楼的气氛。

一天夜晚，伎乐司监陈连升正在家里喝着小酒，司户参军赵善德找上门来，陈连升顿时没有了喝酒的兴致，因为他知道，赵善德这人无事不登三宝殿，他找上门来，准没好事。一阵寒暄后，赵善德直奔主题了。陈连升的预感没错，麻烦很快就来了。

赵善德：老陈啊，你得去朱大人那走一趟！

陈连升：我去找朱大人干什么？

赵善德：你得去“自首”！

陈连升：我一不偷二不抢，我没违纪没犯罪，我自什么首？老赵，你弄错了吧？

赵善德：错不了，你忘了？一年前你用府库银两买房的事，没人问起你就当没事了？我可记着呢！2000 贯钱，够得上贪污罪了吧？

陈连升听了，顿时没了声音，的确，当初挪用 2000 贯钱买房的事，自己曾在一次酒后嘴欠跟赵善德说起过，当初自己想偷偷把钱还上，是赵善德劝阻别还，他说府库里的钱进进出出，日子一长，谁还查得出被谁挪用的啊，陈连升一想也对，就没还钱。现在可好，成了捏在赵善德手里的把柄。

陈连升想不明白，为什么赵善德突然要自己去自首。

陈连升：老赵啊，我知道这事我做得不对，自首坐牢我认了，但我想不明白，你咋就突然想着要我去坐牢呢？

赵善德拍了拍手：问得好，你不问我也正想说呢，我这次让你去自首，不是想让你坐牢，是想让你到牢里办两件事。

陈连升：什么事？

赵善德：朱大人不是按名单抓了很多人吗？你到牢里，第一件事就是稳住大家，告诉他们不要怕，唐大人正在想办法救大家，朱大人在台州掀不起大浪，大家放心地在里面该吃吃该喝喝，该说的说不该说的打死都不能说！

陈连升：第二件事呢？

赵善德：干掉一个人！

陈连升吓得连连摆手：不行，不行，你让我坐多久牢都行，杀人这样的事，你也知道，我人怂胆小，家里杀鸡都是娃他娘杀的，我杀鸡都杀不了，更不说杀人！

赵善德从衣袖里摸出一小包东西塞给陈连升：谁让你拿刀啦？我赵善德做事会这么简单粗暴吗？下药，这是上好的鹤顶红，指甲缝里藏点就能要人命！

陈连升拒绝着：我不要，我不要！

赵善德脸一沉：不要不行，你必须得想法子，帮我把马澄干掉！

陈连升：公使库衙役马澄？

赵善德：对！

陈连升：为什么杀他？

赵善德：这小子知道我，不，是知道唐大人太多秘密了，他现在被朱大人盯上了，他一天活着，唐大人就一天睡不着觉！

陈连升：我与他无冤无仇，我不干！

赵善德：你必须得干！

赵善德拍了拍陈连升肩膀：老陈啊，这可由不得你啦，你在乡下的老婆孩子，我已经派人接到了一个好吃好喝又好玩的地方，让她们在那小住几天，等你回来我办宴席，让你们一家好好团聚团聚！

陈连升：赵善德，你好狠毒，你就不怕得报应吗？

赵善德：报应？我当然怕，但我现在更怕的是朱熹朱大人，他正在满台州城找我呢！你也看到了吧，到处都贴着抓我的通缉令呢。我不想栽在他手上，我想来想去，觉得这事还得找你帮忙！

陈连升：我……我……

赵善德把药包塞进陈连升口袋，然后双手放在他肩上：兄弟，我相信你，放心，你的老婆孩子，我会照顾好的！

一夜无眠。第二天，陈连升主动走进司理院自首，说自己当初猪油蒙了良心，因为看中了台州城里的一套宅子，家中积蓄不够，就利用职务之便，挪用了府库2000贯钱去买宅子，本来打算用工资来补上这笔钱的，可家里贪心的婆娘见一年多来风平浪静，就劝说我不要犯傻，说公家的便宜不占白不占占了还想占，我这人耳朵根子软，经不住婆娘唠叨，就一直没有还这笔钱。

朱子：你这是贪污啊！

陈连升：我现在想明白了，与其事发被查，不如主动向朱大人您自首，望朱大人从轻发落！

陈连升突然来自首，朱子觉得有些蹊跷，但朱子心想：既然你陈连升不说，那我就等吧，我看你到底想和我下哪步棋。

杀人灭口

陈连升贪污公款来自首，当然不能放他回去。关进监狱吧，可关哪儿呢？这几个月来，因为交不起租交不起税的人很多，唐仲友把他们关起来了，因灾荒流民增多治安案件也随之增多，怎么办？抓起来，再加上朱子根据账簿草稿上的名单，抓了二十多人，一时间台州的监狱不够用了。这些账簿草稿上的涉案人员，按道理是要他们住单间，以免串供。但没单间给这伙人住了，只好两三人一间。

陈连升很快住进了马澄的牢房里。陈、马二人以前没有太多往来，在内心深处，马澄看不起陈连升的娘气，陈连升也看不起马澄的匪气。两个互相瞧不起的人，在平时自然也就互不关注，但现在不一样了，两人被关在一个十平方米不到的地方，要么并排坐着，要么面对面坐着。干坐着时间过得实在慢，还是说说话吧，马澄先开的口。

马澄：陈大人，你怎么也进来了？

陈连升不能说自己是主动投案的，更不能说进来最主要的目的就是干掉你马澄啊，所以只好打哈哈。

陈连升：朱大人在台州有些事不明白，传唤我过来问问。

马澄笑道：陈大人，你就不要说这样的哄三岁小孩的话啦，如果是传你来问话，你怎么有机会跟我坐在这样的“雅间”，你是不是也在那本名单上？

陈连升故作惊讶地问道：什么名单？

马澄指着陈连升笑道：装，装，我把你当兄弟看，你却跟我装！

陈连升：我真不知道什么名单，我是贪污钱款被朱大人抓进来的。你是知道的，去年我在台州买了座宅子。当时钱不够挪用了公款一直没还，这次被朱大人查到，所以就进来了。

马澄想了想，应道：这样啊，那你的事不大，你赶紧把钱还上，早还早出去，这地方不是人待的地！

陈连升：你也知道，我老家农村的，我哪有那么多钱啊？有钱男子汉，没钱汉子难啊！

看陈连升可怜巴巴的样子，马澄关切地问道：陈大人，你欠府库多少钱款？

陈连升：2000 贯钱！

马澄：唉，我的事跟你不一样，能不能出得去都是个未知数啦。

陈连升：你怎么啦？

马澄摇了摇头：唉，不说也罢，说来话长，我可能是出不去了！

陈连升劝慰道：马澄兄弟，看开些，不要这么悲观嘛，相信朱大人相信朝廷！

马澄摇头道：跟朱大人没有关系，跟朝廷也没有关系，走到今天这一步，我是自作自受！

陈连升见马澄一直都在唉声叹气，他想起赵善德告诉他的那句话：马澄知道唐大人太多秘密了，他一天活着，唐大人一天睡不着觉！

陈连升突然问道：马澄兄弟，你觉得唐大人怎么样？

马澄：怎么说呢，有才，敢干！

陈连升：我是问人品或是官品！

马澄想了想：这个不好说，他是老大，他怎么说我就怎么做！

陈连升：假若他说的是不对的呢？抑或让你做的是伤天害理的事呢？

马澄想了想：那也没办法啊，大家坐上了一条船，想下船就难喽！

陈连升：假若我是说假若你和你的老大坐在了一条小船上，现在河面上起了风浪，小船承受不了两个人，老大叫你跳河，你跳不跳？

马澄思考了好一会儿：陈大人，你怎么突然问起这个问题？你们搞艺术的，是不是就喜欢研究这些东西？

陈连升：你就回答我你跳还是不跳？

马澄：应该不会有这样的老大吧？这样的老大，怎么带弟兄啊！

两人就这样坐在牢里有一句没一句地聊着，很快就是深夜。两人和衣躺在草堆里，夜深人静，马澄在睡梦中，突然惊叫了一声：娘啊！

陈连升坐起身，看着仍在熟睡的马澄，久久不能入睡。

第二天，陈连升问马澄：昨晚你做梦啦？

马澄：这段时间，我总在梦里见老娘！我娘命苦啊，八十多啦，我一进来，她就无依无靠了！

陈连升：你没兄弟姐妹，妻儿子女吗？

马澄摇了摇头：没有!

陈连升：说说你老娘吧!

马澄说，其实我是个遗弃子，当年我出生不久，就被父母放在了中津码头的一棵大树下，后来是我现在的娘发现了，当时是冬天，我已经被冻得快不行了，是娘把我抱回家用艾叶水给我洗澡，洗了一个月，才把我从死神手里救回来，没有我娘，我三十年前就死了。

陈连升：你娘自己没孩子吗?

马澄：我娘捡回我时，已经四十多五十岁了，曾听她说起，我有两个哥哥，还有我父亲（养父)，爷仨都被朝廷征去当兵，先后战死在了抗金第一线。这些年来，我和娘就这样相依为命。我本想跟着唐大人，多赚些钱，让娘过上好日子，没想到犯了罪，我倒是无所谓，只是苦了我的老娘啊!

马澄说到伤心处，再想起家中老娘，难免痛哭流涕。陈连升忙安慰他，让他放心，你娘肯定没事。并告诉马澄，自己出身农村，家境贫寒，父亲长年帮富户打工，富户家请有私塾，私塾先生见自己长得清秀聪明，手脚勤快，就找到东家，他提出要免费收我进私塾读书，东家也是和善之人，不仅同意了还给我办置了服装书包。一路走来，是一个又一个好心人的接力帮扶，自己才有了今天。

陈连升和马澄通过促膝谈心，发现彼此都不是坏人，渐渐成了朋友。赵善德几次派人来探监，催陈连升下手，但陈连升实在不忍心。

陈连升这人言谨慎微，他突然想到，自己也知道唐大人、赵善德、姚舜卿等人很多的秘事丑事，赵善德能让自己来杀马澄，难道自己出去后，他们会放过自己?想到这，陈连升不由得打了个寒战。想到这一年多来，唐仲友、赵善德、姚舜卿等人在台州的所作所为，他突然做出了一个决定：弃暗投明!

陈连升叫来衙役，说自己要面见朱大人，有要事汇报，并让衙役把马澄也一起带走。很快，两人就被带到朱子面前。

朱子：大半夜，你找我有什么事？

陈连升：大事，人命关天的事！

陈连升边说边掏出藏在衣领里的鹤顶红。

陈连升：这是赵善德给我的毒药，他要我在监狱里杀人！

朱子：哦，赵善德为什么要杀人？说来听听。

陈连升：表面是赵善德，实际是唐大人要杀人灭口啊！

朱子一听是唐仲友，立马警惕起来：陈连升，唐大人要你杀谁？

陈连升一指马澄道：杀他，他们要我杀马澄！

马澄盯着大眼睛看着陈连升：陈大人，你是不是中了邪？唐大人怎么会杀我呢？

陈连升怒道：马澄，你死到临头还不知道！

朱子：陈连升，你据实说来，事关重大，不能有半点虚假！

陈连升：是，大人！

陈连升把事情的来龙去脉细细说了一遍，马澄听了当场气得跺脚。

马澄大骂道：赵善德，不，唐仲友，你杀我不打紧，你让我老娘怎么活啊！你不仁，休怪我不义，唐仲友，老子要你好看！

马澄主动交代，这一年多来，他帮唐仲友做的所有坏事，先是与人合伙帮唐仲友私吞府库里的银子，后来又由他出面，把三百多套《四子》从府库运出城送到金华，几月前，唐仲友还叫他带人，用竹笼把近十万贯的储备金偷偷运出城送到了金华。

朱子让陈连升、马澄等人一一画押，然后收监，严加看守，不让任何闲杂人等入监探视。

离开州衙，朱子在黄榦、蔡沉等人陪同下回到驿馆，此时已是半夜，朱子让人铺好纸笔，写下了《按知台州唐仲友第三状》。奏状极长，罗列了唐仲友虐民、贪污、结党、淫恶四个方面共二十四条罪行：百姓想诉讼必须先送礼；违法对私盐收税并随意挪用税款；禁止百姓私自卖酒，并贪污公库卖酒钱；用公库钱高价采购；将公库钱物巧立名目馈送亲友同僚和妓女；以收购米麴物料的名义从公库支钱，又不留凭证；操纵鱼鲞生意，不许其他商家收购，以低价买进高价售出；看上营妓严蕊，做手脚给她落籍并带走；子弟公然乘轿出入娼家……

> ……仲友又悦营妓严蕊，欲携以归，遂令伪称年老，与之落籍，多以钱物偿其母及兄弟。据司理王之纯供，今年五月满散圣节，方知弟子严蕊、王蕙、张韵、王懿四名，知州判状放令前去，即不曾承准本州公文行下伎乐司照会。……其严蕊、沈芳之徒，招权纳赂，不可尽纪……仲友自到任以来，宠爱弟妓，遂与诸子更相逾滥。行首严蕊稍以色称，仲友与之媟狎，虽在公筵，全无顾忌。公然与之落籍，令表弟高宣教以公库轿乘钱物津发归婺州别宅。严蕊临行时，系是仲友祖母私忌式假，却在宅堂令公库安排筵会，饯送严蕊。近来又与沈芳、王静、沈玉、张婵、朱妙等更互留宿宅堂，供直仲友洗浴。引断公事，多是沈芳先入，私约商议既定，沈芳亲抱仲友幼女出厅事劝解，仲友伪作依从形状，即时宽放……
>
> ——朱熹《按知台州唐仲友第三状》节选

跟第一状第二状相比，这一状字数就有点多了，五千二百多字，内容主要是对草稿本上涉案人员初审情况和自己在台州的所见所闻，重点讲了唐仲友盗卖府库《四子》贪污钱款的事，朱子是个做事谨慎之人，在没有形成证据链之前，他对陈连升、马澄供诉之事在奏劾中并未提及。

不放过一个坏人，也不冤枉一个好人，这是朱子弹劾官员的一个准则。面对唐仲友，朱子需要更多的证据！

朱子在奏劾的最后，提出一个要求，什么要求？他希望朝廷责令有关部门严查唐仲友赈灾不力、胡作非为，以救台州百姓于水火之中。

这个要求指向很明确，唐仲友，你赶紧集中精力救灾赈灾，其他事，我们先抛开不谈，好不好？这个要求，说明了朱子要查唐仲友，并不是出于私心，我查你，不是想整你，而是要逼你救台州百姓。

递交完奏劾，三百里加急送往临安。做完这些，已是凌晨，朱子躺在床上睡不着，他想不明白，唐仲友这样一个受过高等教育（进士出身）且前途无量的官员，怎么会堕落成这个样子？他让人找来唐仲友这些年的履职材料和台州近两年出台的相关文件以及会议纪要，凡是与唐仲友有关的东西他都想看看，他想知道这些年来，唐仲友到底干了些什么。

第十二章　新官上任三把“火”

朱子发现，南宋乾道四年（1168年），唐仲友因为老爹唐尧封去世，回家丁忧了三年。丁忧是干什么呢？这是中国古代的一项传统道德制度，根据儒家传统的孝道观念，朝廷官员在位期间，如碰到父母去世，则无论此人官当多大，哪怕是当了宰相，你都得丁忧。丁忧多长时间呢？一般是从得知丧事的那一天算起，辞官回到祖籍，为父母守制二十七个月，加上来去路途时间，也就是三年左右。官员在丁忧期间吃、住、睡都得在父母坟旁，要求停止一切娱乐和应酬活动，也不能进行婚嫁庆典等喜事，而且夫妻也要分开住，不能有亲热行为。丁忧为什么是三年，不是一年两年或四年五年，这是有说法的，大家知道，孩子出生三年内，时时刻刻都需要父母的照料，离不开父母半刻。儒家讲究“慎终追远，民德归厚”，所以在父母去世后，要求子女也要时时想念他们，至少在坟前守孝三年，以报父母的养育之恩。

有人说，我好不容易获得提拔，如果回去丁忧守孝了，这个岗位会不会被人占去？我不回去丁忧行不行？答案是两个字：不行！如果因为特殊原因，国家强招本该丁忧的人为官，这叫“夺情”。

唐仲友没有资格夺情，只能老老实实待在父亲坟前丁忧三年。三年结束，唐仲友回到京城秘书阁奉议郎任上，继续做学问，之后他离开京都，出任信州知州也就是现在的江西上饶当了一把手。唐仲友在信州干得不错，几年后吏部考核：优秀！于是，由吏部尚书向朝廷推荐，建议提拔唐仲友到更重要的岗位，再后来，也就是淳熙七年（1180 年），朝廷一纸诏书，把他调到台州任知州。

唐仲友跟朱子不一样，朱子到一个地方当官，一般都是一个人前往赴任，唐仲友喜欢带着一家子去赴任。老婆儿子女儿还有儿媳孙子等一大家子全部搬到了台州，住进了早已准备好的宽大宅院，唐仲友亲手写了两个字“唐府”，让管家请人刻成匾额挂到大门上。

台州官员很热情，他们为新来的知州举行了盛大的接风宴，不仅酒菜好，还请了台州营妓严蕊等一群女子前来助兴，且歌且舞每个人都喝得很开心。

接完风喝完酒，那就办正事吧。唐仲友跟众多赴任新官一样，第一步，先调研，他坐着轿子到台州各县巡视，一圈下来，唐仲友发现台州比自己以前所在的信州大多了，地大物丰，他很满意。

刚到台州，唐仲友觉得为官一方就得干点政绩出来，下对得起百姓，上对得起朝廷，中间对得起自己。以前在京城秘书省秘书阁任职，想干点务实的事也没地方干，后来到了江西信州任职，可信州太小，人力财力都不足，不是干大事的地方。这次承蒙宰相王淮推荐和圣上恩准，派自己到台州当了一把手。他暗下决心，一定得好好干点事出来。他站在衙门前，望着台州地图，自己给自己鼓劲：唐仲友，加油！

不负朝廷！

不负陛下！

不负即将逝去的青春！

新官上任三把“火”，唐仲友一到台州，就开始点火了。

修 文 庙

在台州临海古城回浦路附近，有一座宏伟建筑——台州先圣庙也叫文庙。文庙据说是由北宋台州知州范说于1035年始建，当时只是一个一般文庙没有建州学。1041年，知州李防在文庙里建立州学，招收学子在此间授课。1050年，知州吕士宗对先圣庙进行了扩建。

翻开中国古代历史，你会发现一个有趣的现象，地方官每到一处，一般都会先做一件事，那就是去太庙或州学、县学走一趟，为什么？一是表达自己对先贤、对文化的重视，二是希望当地多出仕子、多出人才。

在科举时代，所谓先圣一般指孔子，他是中国文化史上最具影响力的宗师。关于孔子的情况，只要是中国人都知道，史书上是这样给他老人家定义的：中国著名的思想家、教育家、政治家，与弟子周游列国十四年，晚年修订六经，即《诗》《书》《礼》《乐》《易》《春秋》。“删诗书，定礼乐，赞周易，修春秋，以传先王之道，弟子三千，身通六艺者七十二人。”

这样的历史定位，那是非常了不得的，孔子作为思想家与教育家的地位，在中国历史上基本没动摇过。不管是官方还是民间，对孔子都是很看重的，因此先圣庙建得非常多，当地的士子或路过赶考的读书人一般都会到先圣庙拜拜，以示对祖师爷的尊重。

唐仲友是读书人，前面曾说过，他家在短短30年不到的时间里，就父子四人先后考取了进士，这是一份天大的荣耀，唐家对先圣庙有很深的情结。这样的一个知识分子，现在主政一方，当然也希望所辖之地能多出仕子，所以，唐仲友上任后的第一件事就是祭拜先圣庙。

台州的这座先圣庙始建于北宋1035年，到南宋淳熙七年（1180年）唐仲友到台州上任时，已经过了四十多年，以前石木结构的房子，地基很牢，但上面靠不住，经不住风雨侵蚀，十几二十年就要大修一次。虽然前任知州宗颖、黄章等人对台州先圣庙进行过修葺，但都是小打小闹。

唐仲友拜谒先圣庙、巡视学宫时，发现很多地方都成了“危房”，这显然让唐仲友心里很不满意，他决定现场办公，征集随从官员的意见。

唐仲友：我决定马上重新修葺先圣庙，你们看怎么样？

书院教授史清率先表态：唐大人英明，我举双手赞成！

众官员都说应该重修，但不是马上修，可以再商议一下。

唐仲友问：为什么不能马上修葺？

高文虎告诉说，这些年台州连年闹灾，在征税方面，是收得少免得多，府库里没有多少钱了，万一今年又碰到大灾怎么办？

唐仲友听了缄默了，初到此地为官，他知道不能与众下属把关系闹僵了，闹僵了对以后开展工作不利。但唐仲友又觉得，此事一定要做成，不能就此罢手，更不能第一次办公就被下属顶回去。

唐仲友：修葺先圣庙，这关系到台州的人才教育问题，也是重中之重的大事，这事一定得办！

高文虎：我们不是说不修葺，但也要考虑经费的问题！

唐仲友听了有些生气道：经费的问题，我来想办法！

众官员一听唐仲友如此硬气，很高兴，免不了对这个新来的知州一番夸奖。

宋代地方学校有两级：（州、府、军、监）学和县学。地方学校一般不属于国子监管辖，其与中央礼部的关系也仅限于贡举考试而已。地方学校主要由地方政府履行经费支持和管理，经费的主要来源为“学田”，除此之外就是政府拨付的学粮、房舍、书籍、学习用品等实物以及当地乡贤的个人捐赠。

修葺先圣庙这种大工程让学校自行解决肯定不行，资金相差甚远。唐仲友找来临海县令陈居安商量，看他有无办法解决费用问题。

陈居安：我临海是拿不出这笔经费，但我知道哪里可以弄到钱！

唐仲友：哪里？

陈居安：他们有钱，不过需要唐大人您屈尊相求。

唐仲友连问怎么个屈尊法？

陈居安：您得去求两个人，跟他们商量商量。

唐仲友：哪两个人？

陈居安：台州两大家族，钱氏与谢氏。

唐仲友一听，点头道：明白了，这事我来办。

陈居安：只要这两大家族肯帮忙，这件事就妥妥的！

陈居安口中的钱氏与谢氏，是台州的两大旺族！

先说钱氏，吴越钱氏家族很有名望，是吴越开创者钱镠及其后裔。钱镠为五代时吴越国的开国国主，对江浙一带的经济发展起到了奠基作用。据《十国春秋》记载，钱镠统一了吴越两浙以后，重视农桑，修筑海塘，开拓海运，发展贸易，功绩显著。后来，宋太祖赵匡胤串掇了一帮人，趁姓柴的老东家病死，马上就从孤儿寡妇手中抢了位置建立北宋，又通过南征北战以武力消灭了八个国家，吴越因为富庶强盛一时没有被消灭。面对赵匡胤的强大兵力，吴越国王钱镠的孙子钱虎子（钱俶），为了吴越百姓的生命财产免受战争涂炭，做出了痛苦而明智的抉择——取消吴越王位，尊赵氏为帝，南北方实现了和平统一。

老百姓对钱虎子的这一抉择很感动，所以在编写《百家姓》时，第一句就是“赵钱孙李”，由于赵氏为帝，所以“赵”姓排在第一位，接着就把“钱”姓排在了第二，以此来纪念钱俶。一个人如果真正对人民对历史有贡献，人民不会忘记，历史也不会忘记。

南宋时，由于北方沦陷，一些望族大姓南迁临海，临海成为吴越钱氏主要聚居地。有人问钱氏后裔为何经久不衰？这可能跟当年钱镠留下的家训有关，钱镠在临终前给子孙留下“心存忠孝，爱兵恤民，勤俭为本，忠厚传家”等十条遗嘱，遗嘱世代相传，激励钱氏后人。在临海还有一个家族与钱氏并盛，那就是谢氏，据说谢氏为东晋名仕谢安后裔，谢氏的一支从金陵迁至台州。

钱、谢两大家族定居台州临海，这可是名副其实的豪门。唐仲友在临海县令陈居安的指引下，与钱、谢两家的族长进行了会晤。都是名门望族，那素质不是一般的高，一听说是发展教育，又是台州一把手亲自过来，两家当即答应给予支持。

钱氏族长：说吧，唐大人，您需要我们怎么配合？

唐仲友：这个，这个，也不是什么大事，就是重修先圣庙，这个工程有点大，府库钱不够，看你们能不能……

钱氏族长：钱啊，没问题，你找人核算一下，看整个工程需要多少钱，我们钱氏承担1/3吧！

看到钱氏家族表态了，谢氏家族不能落后啊，于是也站起来表态。

谢氏族长：这样吧，唐大人，我们也跟钱氏家族一样，承担总费用的1/3，您看如何？

唐仲友连忙起身向钱氏、谢氏族长拱手道：本官代表台州百姓感谢钱、谢家族对教育事业的支持，将把你们的功德勒石记之，立于先圣庙门口，以彰门风！

有了钱氏、谢氏的财力支持，整修先圣庙与学宫工程很快动工。

具体工作由临海县令陈居安总负责，州府派出四个官员相助，钱、谢两大家族选出代表任监理。一切议定，1181 年春动工，主要修的地方是先圣庙的大成殿、戟门、两庑及斋舍。

历时五个月，当年夏天就竣工了。修缮后，先圣庙焕然一新，可谓是庭宇夷直，规制宏壮。唐仲友举行了一次盛大的竣工庆典，活动现场，他特地赋诗一首：

有学之宫，既久斯圮。非乡之英，熟葺而起？
伊乡之英，匪为我劳。辟雍之化，其流滔滔。
有庑斯修，有门斯闳。多士复来，居移气壮。
台山巍巍，江流逶迤。有学之宫，与江山齐。
既安尔居，既鼓尔箧。青青子衿，盍逊尔业。
我风斯移，我俗斯美。诏尔多士，毋负于天子。

在诗词方面唐仲友造诣颇深，这首诗就做得不错，句式仿《诗经》古风体，内容很好主旨也高，众人听了，连声叫好。

先圣庙、学宫都修好了，唐仲友于是置州学、选名师、教德学、行道艺，台州教育，开始走上正规化。

第一把“火”，唐仲友烧得很成功！

建　浮　桥

从台州城出发，步行出兴善门就是灵江上的中津古渡口，此渡口是临海往来黄岩、温州、福建等地的必经之路。一直以来，百姓出入都是靠摆渡，唐仲友到台州后，他发现天天这样摆渡过河，既危险又不方便。站在中津古渡口，他找到了烧第二把“火”的地方——建浮桥。

在科技还不够发达的南宋，建跨江大桥那是一项浩大的工程，要干这样的大事，一般在行动前都得规划好几年，为什么要这么久？一个是钱财问题，一个是技术问题。

唐仲友自打有这个念头以来就一直在思考，他知道自己的建桥计划对于临海百姓生计而言无疑是民生工程，但对台州州府而言则是耗财大项，因此支持者不多，特别是通判高文虎，他觉得台州百姓这么多年都摆渡过来了，这个桥是可建可不建的项目，而台州需要建设的地方很多，钱要用在刀刃上。整个衙门里，跟高文虎想法一样的官员占了百分之八十，这让唐仲友有些尴尬，但他仍然决定建桥。

大部分官员都不愿为，唐知州为什么又偏偏要为之呢？这就是唐仲友的性格，固执、胆大加上一颗“夫子”之心。他不喜欢被人左右，又不喜欢与人过多交流，自己认定的事就非干不可。

唐仲友是一把手，死活要架桥，手下诸官只好咬牙配合，情愿不情愿都得跟着干。唐仲友亲任总指挥，分配完工作，他亲力亲为，从勘察到测量，从设计到施工，从材料到资金，唐仲友全程参与。正式动工前，唐仲友做了一件事，什么事？做实验！

那些天，还真难为了唐仲友，一个文科“学霸”，却要来做理科生都头疼的难题。

测量河道的宽度、深度，汇成数据。这些数据不仅用来估算架桥费用，还可用来论证桥的可靠性和可行性！

学霸就是学霸，作为一个文科男，唐仲友从没学过建筑理论，更没建过桥，但在设计和建设过程中，他的思路却是那样的超前和有效。我们一起来看他如何做的：他首先让人根据数据得出实际所需桥梁的大小，然后按 1∶100 的比例制成桥梁模型在水池中反复实验。随着池中水位的高低，然后采取相应的方法调节船的高度。这是什么？这是现在仍在用的模型实验法啊！

调节船位高低的问题刚解决，第二个问题又出现了，江面上不能因为架座浮桥而阻隔了船只的通行，否则得不偿失。古代水运相当于现在的汽运，那可是最主要的运输大通道，此道一断，物流就得瘫痪。要想船只在江面上能正常通行，就必须让桥面与水面之间有相应的空间。这个问题，同样没有难倒唐仲友，他经过细致研究，问题圆满解决。

当所有的试验大功告成后，唐仲友亲自主持了开工仪式。建桥的那些日子，唐仲友很用心，每天都到现场指挥、监理，并写了监理日志——《修中津桥记》。白纸黑字详细介绍了修桥的整个过程，同时也见证唐仲友在台州曾经有过的梦想和追求。

根据《修中津桥记》记载，我们一起来还原这座科学性和实用性都非常不错的浮桥。先来看桥的主体。唐仲友先是让人在两岸以巨石筑堤，堤上筑四个圆石仓形的系缆桩，系缆桩上配有四根铁链，以此拉住浮桥。堤上还有石狮 11 座，石浮图 2 座，用来系缆绳。两堤之间有 115 “寻”，也就是大致 300 米，共用 50 条小船，每两船为一组形成可浮动的桥墩，一共为 25 对桥墩。每只船下沉以巨石，以此控制船的飘移。然后又在每只船两边打桩，再用细木把木桩连接成护栏，在护栏中间铺上厚木板形成桥面。

再看引桥，水浅处离岸边还有 15 “寻”，大约 40 米，这段距离则连接成 6 个木栰，边上也打桩固楗。木栰为粗圆木所造，圆木与圆木之间不紧靠在一起，中间有一定间距，圆木与圆木靠粗壮的篾制缆绳相连。粗壮的篾绳边上再打 20 根桩，露出水面足够的高度，以备水涨时仍能护住篾制缆绳。木栰上铺的木板就是桥面，供人行走。随着水位的高低，在岸边设有四块跳板，方便各种高低水位时，过江者都能从从容容而过，不会因此湿了鞋。

为了让航船正常通过，唐仲友在浮桥上创造性地设有一截“过船孔”，过船孔两侧的木船上，竖有一米多高的木排架，从水面至桥面有二三米高的净空，可以让船只自由通航。

如此一来，整体桥型就形成了水上立体交叉式桥梁，而且是浮桥式的，在800多年前的南宋，能设计出这样不同凡响的桥，你不得不佩服唐仲友的才气！更难得的是，在台州财政比较困难的情况下，唐仲友顶住同僚们的压力坚持将桥建成，其干事业的决心和勇气也是值得人称赞的，唐仲友一生干了不少荒唐事，但在这一点上，他是值得后人学习的。

刻《四子》

修文庙、架浮桥之后，唐仲友还想着烧第三把“火”——刻书。前面说过，刻书是读书人一辈子的梦想，不管刻的是四书五经还是自己的文章，都是一种光荣而自豪的行为。严格说来，台州刻书活动这些年就一直没断过，唐仲友的上任沈揆就在刻书，唐仲友是文化人，当然得接好这一棒。虽然此时的台州府库里已经没几个余钱了。财政赤字已经出现，但唐仲友还是决定要把这第三把“火”烧起来，在他看来，只要思想不滑坡，办法总比困难多！

唐仲友是学者，是金华学派的代表之一，书是他生命中的重要组成部分，十几年前他父亲去世，唐仲友回家丁忧期间，就自费刻了好几套书。古往今来，著书、刻书是每个文化人的梦想，吕祖谦、朱子都曾刻书。对于刻书，唐仲友并不陌生，十几年前，父亲去世他在丁忧期间，就主持翻刻过《周礼》，这本书现藏于国家图书馆，书中卷三末页有刊记“婺州市门巷唐宅刊”，卷四、卷十二末页有刊记“婺州唐奉议宅”。“婺州唐奉议”即唐仲友丁忧前的官衔，这部《周礼》可以说是唐仲友留给后人的一笔精神财富。

以前是自费刻书，现在，唐仲友到台州当了一把手，他觉得自己有责任为当地留下一点文化遗产，于是要在沈大人的基础上，扩大刻印规模，提高作品档次。

台州同僚们对于唐大人的刻书决定，倒没有太大反对，不反对的原因有三，一是唐大人是一把手，他决定的事，下属不便反对；二是因为这书刻成后是归台州州府，是公有财产；三是用公款刻书，有例可循，是当时官员时髦且合法的公务行为。

要刻书，第一件事——确定内容，这一点难不倒学者型官员唐仲友，他经过一段时间的思考和比较，决定先刻“四子”即《荀子》《扬子》《文中子》《韩子》。

第一部《扬子》即《扬子法言》，是西汉学者、辞赋家、语言学家扬雄所著。扬雄少时好学，博学多识，酷好辞赋，但这人口吃，不善言谈。40 岁后开始游京师，后来被喜爱辞赋的汉成帝召入宫廷，当了个小官——给事黄门郎。王莽称帝后，没有杀他，让他天天坐在天禄阁校书。因此，扬雄有了大量的空余时间，写了一本《扬子法言》。这本书很了不起，自汉代以来，注家蜂起，唐代的柳宗元，北宋的司马光都翻译注释过这本书。

第二部《荀子》，这是战国的儒学大家荀子的作品，收录了 32 篇文章，著名的《劝学》一文已成经典，一些名言至今仍是人生警句，如“学不可以已”“青出于蓝而胜于蓝”“不积跬步，无以至千里；不积小流，无以成江海”……据说，唐仲友刻印的《荀子》，还有一部原版现收藏于日本，被日本人视为国宝。

第三部《文中子》，出自王通，道号文中子，隋朝人，著名思想家、教育家、道家。王通从小受家学熏陶，精习《五经》，著名的启蒙读物《三字经》把他列为诸子百家的五子之一：“五子者，有荀、扬，文中子，及老、庄。”王通这人写了很多书，但在唐代就失传了，只剩下一些他学生的听课笔记，有人把这些笔记整理出来取名《文中子》，包括王道篇、天地篇、事君篇、周公篇、问易篇、礼乐篇，《文中子》是很有思想的一本书。

最后一本是《韩子》，韩子就是韩非子。韩非子是谁？就是那个被李斯害死的秦国法家代表，他被誉为得老子思想精髓最多的二人之一（另一人为庄周）。《韩非子》一书共五十五篇，十万余字，在先秦诸子散文中独树一帜。

从所选书目可以看出，唐仲友在学术方面还是很有眼光很有水平的。他选的这些书目，每一部都可以说是中华瑰宝式的文献。

书目敲定了，剩下就是寻找刻工人才。唐仲友眼界高，台州印书坊里现有的刻工水平有限，没有一个入他的法眼。作为“学霸”型人才的他，打定主意要做好这个文化项目，他需要找一个一流的刻字工挑头，然后组建团队完成这项工程。当时没有人才市场，怎么找这个优秀的刻字工呢？只能靠运气！

这时，有人向唐仲友说起了蒋辉，唐仲友让人把蒋辉从印书坊找来。

唐仲友：听说你是婺州人？

蒋辉：是的，小人老家婺州。

唐仲友：听说你在临安犯过事？

蒋辉一听低下了头，心想，你这个唐大人也太不给面子了吧，你是哪壶不开提哪壶啊？

唐仲友见蒋辉不应答，没有继续追问，而是转了个话题：听说你字刻得不错？

蒋辉心里一阵感动，连忙应道：是的，小人以前以刻字为生！

唐仲友：你刻一版给本官看看吧。

说完，唐大人便离开了。

蒋辉很高兴，知道自己的机会又来了，他拿出十二分精神，工工整整地刻了一版给唐仲友过目。

唐仲友端在手上仔细端详了好一会儿，然后说道：不错！

蒋辉连声应道：谢谢，谢谢大人夸奖！

唐仲友看了蒋辉一眼：不用谢我，要谢就谢你这双好手吧！

唐仲友说完就离开了。

蒋辉从此留在了州衙旁的印书坊，专门给唐仲友刻“四子”。

唐仲友是个沉默寡言的人，除了到学院讲学，平时话很少。

在唐仲友的努力下，《四子》开刻了，现场很热闹，与蒋辉一起刻字的就有十几人，蒋辉是小组长。唐仲友很重视，经常抽空到印书坊来视察，每次来，都会找蒋辉聊聊，问他有什么需要帮忙的，蒋辉知道，这不过是些客套话罢了，但得到唐大人的亲自关怀，心里还是美滋滋的，刻起字来也格外卖力，效率高、质量高。

在蒋辉和众人的加班工作下，《四子》很快就刻印完成，唐仲友还不过瘾，又要想上马新书《韩昌黎集》，这回同僚们不答应了，大家说这得缓缓气，唐仲友问为什么？又是通判高文虎首先说话，他说唐大人，我们台州除了发展文化，其他事项也得抓紧，比如春耕啊、市政啊、治安啊、经济啊，你是一把手，你得全面统筹，不能只抓文化而不顾其他，否则恐怕要出乱子。

唐仲友看了高文虎一眼：谁说我只抓文化了，我不是还修文庙、建浮桥，鼓励渔民多出海、商贾多开店了吗？高通判，我唐家祖祖辈辈都有人在经商，要说做生意抓经济，我肯定比你在行！

副通判赵善伋见唐仲友和高文虎要闹僵，及时转移话题：唐大人，府库银子快没啦，不信你问姚库监。

唐仲友转头看着姚舜卿：老姚，你说说！

姚库监是个官油子，在大会小会上，从来不明确表态，这次，唐仲友问他，他不知唐仲友到底是什么意思，因为府里有多少钱，唐仲友是一清二楚，既然一清二楚，你唐仲友为什么还问我？所以这让姚舜卿很为难，他在没摸清唐仲友的意思前，不知说什么。

他沉思着，用眼光瞟向唐仲友，希望得到暗示。但唐仲友轻轻地用脚掌叩着地，没有任何暗示，姚舜卿半天不说话。

唐仲友：老姚，府库的情况你说说，对继续刻书的事你也说说，我刻书是不是一件好事？

姚舜卿明白了，这是知州大人要我帮腔啊，这事好办，看我的。

姚舜卿咽了口口水润喉说道：我个人觉得唐大人刻书这是大好事，功在当代利在千秋，传播圣贤，教化台州甚至天下百姓，这是何等功德之事，不错，刻书是花了我们台州的一点小钱，但跟它产生的社会效益相比，太值得了。府库的钱花了，我们可以省可以挣还可以向朝廷要嘛，我支持唐大人！

唐仲友赞赏地看着姚舜卿：你们看看，老姚这觉悟，共事这么久以来，最了解本官的人就是老姚啦！

副通判赵普伋：我们是没有姚库监的觉悟，但府库没钱了，大伙发不出月俸了，这个问题怎么解决？

什物库监陆侃：是啊，我们一屋子人，哪个不是一大家子，没月俸怎么生活？

书院教授史清点头附和道：人是铁饭是钢，一顿不吃就饿得荒，没月俸讲不了课啊！

唐仲友看了一眼史清，不屑道：史秀才，你放一万个心，就是饿着了我唐某人也饿不着你！

史清连连拱手：好说好说，有唐大人这句话，我就放心啦！

唐仲友看着众人，叹了口气：唉，本官以前在信州，感觉信州底子薄做不了大事，没想到台州也好不到哪里去啊！好吧，本官答应你们，暂时停止刻印，本官说的是暂时啊，以后财政宽裕了，必须继续开工。

第十三章　孽缘起

唐仲友要继续刻书，同僚不同意，这让他很不爽。

按道理，以台州的财力刻几百套书肯定是没有问题的，但问题是唐大人在刻书前，还放了两把“火”——修文庙、建浮桥，这可都是大工程。为搞好这两个工程，台州府库里的现钱被花得见底了，继续刻书的花费，虽然不是大数目，但对台州来说，已经有些捉襟见肘无力支撑了。也就是说，唐仲友在台州的第三把火烧是烧起来了，但不是很成功!

试　探

刻书没达到预期效果，这让一向骄傲的唐仲友很郁闷！一个单位如果一把手郁闷了，他的部下自然也高兴不起来，部下高兴不起来，普通员工肯定得遭罪。唐仲友心情不好，搞得整个台州州衙气氛都很紧张，伎乐司监陈连升感觉压力很大，他觉得自己作为台州娱乐部门的负责人，得想法子让一把手高兴起来才好!

很快，陈连升想起来了，上次接风宴上，唐大人好像对伎乐司的严蕊严姑娘印象不错。

唐仲友是 1181 年的年初到的台州，三个多月过去了，春末夏初，到处草长莺飞，正是踏青好时节！

岂可辜负如此妩媚春光？陈连升决定好好安排一下，搞个小范围春游，帮唐大人调节调节心情，同时也创造机会，让同僚之间拉近距离促进感情。陈连升把这个想法跟公使库监姚舜卿说了。

姚舜卿当即表示同意：好主意，陈司监啊，看你脑袋小小的，没想到这么灵活，着实让我佩服得紧！

陈连升哈哈一笑：让姚库监见笑啦！

近郊游，当然不能走太远。况且当年没高速公路也没高速铁路，哪怕就是去台州边上的近郊走走，也得花个三五天。去哪呢？

台州依山面海，地势由西向东倾斜，西北山脉连绵，峰峦迭起，东南丘陵缓延，平原滩涂宽广。陈连升寻思着：唐大人是婺州人，婺州多山，就别带唐大人去山上玩啦，山里人难得见海，对，带他看海去！

台州境内玉环岛远近适中，风光旖旎，是近郊游的好去处。经过一番准备，一切顺当，陈连升来到唐仲友办公室汇报，唐仲友一听是去看海也很高兴，当年他在京城临安，虽然离海很近，但忙于各种事务很少到海边。杭州附近的西湖倒是常去，但湖就是湖，跟海没法比。

唐仲友：陈司监，你先说说，玉环岛上都有些什么好玩的景点，我带夫人一起去看看！

陈连升一听，连忙把头凑近唐仲友耳旁说道：唐大人，下官建议您就不要带家眷去了！

唐仲友扭头看着陈连升：为什么？

陈连升：下官有让伎乐司的几个姑娘们一起去！

唐仲友故作平静地看着陈连升：陈司监，你怎么把姑娘们也带去，这不好吧？

陈连升：没事没事，姑娘们一听能陪唐大人出游，都高兴着呢！

唐仲友想了想说道：你既然安排好了，我也不好拂了大家的意，下不为例啊！

陈连升：好咧，唐大人，我先回去准备准备！

唐仲友叫住陈连升：陈司监，看把你急的，要不这样，你先坐下来我们一起喝杯茶。

二人坐在书房喝茶，茶是上好的建州团茶，唐仲友用手扳一小块放到鼻前嗅了嗅，说道：还不错！说罢，递向陈连升，然后说道：陈司监，你也闻一闻，这可是有名的建州龙凤茶哦。陈连升小心翼翼地接过茶深吸一口气，然后赞赏道：唐大人的茶，就是香！

清香沁人，泡上一杯，满屋生香。两人坐在室内饮茶聊天。

唐仲友来台州小半年了，陈连升还是第一次这么近距离地跟他坐在一块。陈连升发现，唐仲友这人，表面上看上去冷冰冰、一副不苟言笑拒人千里的样子，可跟他混熟了，他也很幽默很风趣，就跟邻居老王老张一个样，也会跟你说笑话讲段子而且还是个不错的段子手。两人聊着聊着，又聊到这次出游上来了。

陈连升：唐大人，这次出游我们准备得差不多了，要不，您选个日子？

唐仲友：看天气这几天都不错，风和日丽，倒也适合踏青。

陈连升：您看明天如何？行的话，我下午就通知大家。

唐仲友：那就明天吧，对了，你们伎乐司都有何人同去啊？

陈连升伸出手掌扳着手指数着：王静、林芳、张婵、沈玉！

陈连升就是不说严蕊，他要进一步确认自己的判断：唐仲友是不是对严蕊有好感？

唐仲友入套了：陈司监，你们伎乐司里不是有个叫严蕊的姑娘吗？

陈连升连忙应道：是有这么个姑娘，这次我没让她去！

唐仲友好奇地问道：为什么？

陈连升：这姑娘自恃有些才艺，眼界高脾气大一般不搭理人，我怕带去扫了唐大人的兴！

唐仲友应道：孤芳自赏也是一种美啊，记得上次接风宴上，她也是一个有趣之人，叫她一块去吧！

陈连升一听，心中暗自高兴，他连忙应道：没想到唐大人这么看得起严蕊姑娘，我这就去转告她，让她准备准备，免得临时慌了手脚！

唐仲友：也好！

唐仲友高兴地送陈连升出门，陈连升边走边频频回头，向唐大人挥手致意！

那一夜的温柔

很快，春游队伍出发了，队伍人不少，唐仲友、高文虎、陈连升、姚舜卿、赵善德等人坐轿，衙役马澄、陈忠、郑臻等人骑马相护。伎乐司的严蕊、王静、林芳、张婵、沈玉等人则与一些官员的女眷同行。

一路走走停停，赏花赏景赏民俗，欢声笑语，甚是热闹。第二天中午时分，终于到达目的地玉环岛。

台州是沿海城市，境内海岸线长达600多公里，近海有12个岛群691个岛屿，主要有台州列岛和东矶列岛等，这些岛中最大岛屿就是眼前这个玉环岛，此岛三面临水，一面与大陆相连，算是半岛。上岛很方便，骑马、驾车都能到，是个郊游的好去处。

人类是在陆地上进化演变的，对大海天生就有一种敬畏与好奇，这就是为什么人一到海边，就想大声喊叫或吟诗一首的原因。

游春队伍到了玉环岛，纷纷像出笼的鸟儿散开去，带家眷的官员则一家人在一起，年轻的衙役则相约做起了年轻人的游戏，伎乐司的姑娘们也嘻嘻哈哈地奔走在花草乱石之间，甚是快乐。唐仲友一个人独自行走到一块礁石上，远眺大海。

唐仲友在看大海，严蕊在花丛中看唐仲友，清瘦修长的身姿，临风而立，给人以一种儒雅高贵之感。

自从上次接风宴上初相识，严蕊便开始留意唐仲友。当时唐仲友四十五岁，作为一个官场得意的大叔，而且看上去又是文质彬彬，满腹才华，严蕊当时看唐仲友的眼神，就像一些不谙世事的少女看到帅大叔的眼神一样，既迷恋又矜持。

只因在海边多看了你一眼，于是，便有了故事！

唐仲友转身回望，看到了正在望着自己出神的严蕊。立于花草丛中的严蕊，一袭淡青色衣裙，配以鹅黄色纱巾，海风吹拂，长发飘然，好一个窈窕女子！

唐仲友是个见过美女的人，但在这个特定的季节特定的环境和特定的氛围下，望见这样一位特定的女子，他还是被严蕊给惊艳到了。

窈窕淑女，君子好逑。

两人就这样对望了几秒，严蕊，一个来自风尘的女子，唐仲友，一个位高权重的一州之长，就这样在玉环岛上确认了眼神！

很快，在陈连升的指挥下，衙役们搭帐篷的搭帐篷，堆篝火的堆篝火，做晚宴的做晚宴，玉环岛上一片忙碌。

篝火很快堆好，晚宴随即开始，陈连升有意把严蕊安排在唐大人身边，其他姑娘则插花坐在席位上，熊熊篝火中，大家喝酒行令，好不热闹。酒过三巡，菜过五味，只见通判高文虎站了起来，示意大家安静，大家一齐看着高文虎。

高文虎：我看大家今天这么高兴，不知大家还记不记得，几个月前唐大人刚来台州时，接风宴上，唐大人好像还欠严姑娘一首诗，对不对？

经高文虎一提醒，大家齐声应道：是哦！

高文虎看着唐仲友：唐大人，俗话说欠债还钱，你欠严姑娘的诗，这是文债，文债也是债，是不是该还人家小姑娘啦？

众人：对！该还啦！

高文虎：唐大人，早就听闻你才华满腹、文采飞扬，今天你就露一手，顺便也还了严姑娘的这笔债！

众人起哄：来一首，来一首！

唐仲友见推脱不了，于是朝众人拱拱手：容我想想，容我想想！

陈连升想得周到，跑到轿内取来纸笔。唐仲友不愧是进士出身，待陈连升准备就绪，他已想好，只见他起身提笔蘸墨，一盏茶的工夫，便写出了满满一张纸。陈连升接过一看，构思很是精巧，呈双塔型结构，陈连升当众念了起来。

快
灯恍
楼阙敞
风卷回廊
小亭湖边唱
佳人一舞未央
柳枝抚水涟漪荡
裙袂不经意染荷香
芳心已暗许难解惆怅

尘世辗转数年人间仓皇
谁道流年似水留伊人红妆

众人一听，这不正是接风宴上严蕊所作的吗？众人正在诧异，只听陈连升继续念道。

谁道流年似水留伊人红妆
人心微凉独染素衣白裳
荒草漫延覆陌上新桑
执笔描尽人世彷徨
泪水凝结成诗行
烛火摇曳冰凉
伫立望远方
往事虚妄
画卷散
缘淌
殇

严蕊听完唐仲友的诗，尤为感动，没想到自己在接风宴上匆匆吟就的一首表达心声的小诗，唐大人不仅听懂了而且还记住了。这份相知，这份认可，比赠千金送轻裘还可贵，严蕊感激地望了望唐仲友，然后端起两杯酒，起身来到唐仲友身边，把一杯酒递向唐仲友。

严蕊：谢谢唐大人！

唐仲友：谢我什么？

严蕊：小女子匆匆作下的一首小诗，没想到唐大人却记在了心上，今天又为小女子续诗，令小女子感激不尽！

唐仲友看着严蕊：我能续诗，是因为你起头起的好，严姑娘可谓难得的才女佳人啊！

严蕊：谢谢唐大人夸奖，小女子有一事相求，不知唐大人允是不允？

唐仲友：何事啊？说来听听。

严蕊：小女子斗胆向唐大人求刚才所写之墨宝。

唐仲友：我当是何事，原来是一幅字啊，没问题，拿去吧！

严蕊高兴地道：谢唐大人！

纸上墨迹未干，唐仲友和严蕊一人抓着一边宣纸，把纸靠近篝火烘烤。火光下，两人甚是亲密。

陈连升指着唐仲友和严蕊，叫道：大家看唐大人与严姑娘，一个儒雅风流，一个才貌双全，般配不般配？

众人起哄：般配！

宴饮毕，歌舞起。来自伎乐司的姑娘们个个才艺了得，轻歌曼舞，吹拉弹唱，玉环岛上，欢声笑语共潮生，好不热闹。

夜深人静，篝火渐渐熄灭，众人散去。

唐仲友没走，严蕊也没有起身的意思。

唐仲友轻轻碰了碰严蕊：严姑娘是哪里人氏？

严蕊轻声答道：台州黄岩。

唐仲友：但听你口音不似江浙一带。

严蕊：我本是中原人士，幼时随父母南迁至台州黄岩。

唐仲友：哦，你是为避战乱南迁的归正人！

严蕊点了点头：是的！

唐仲友看着严蕊：听着这海浪声声，我也是心潮澎湃，睡意全无啊，不知严姑娘是否愿陪我说说话，以度这寂寞时光。

严蕊看了看唐大人，轻轻点了点头。

唐仲友伸手扶起严蕊，牵着她沿着小路散步，远处海波阵阵，头顶月光如水。

对于严蕊的才艺，唐仲友很是佩服，加上严蕊花容月貌，青春年少，作为一个正当年的正常男人，唐仲友哪里挡得住严蕊小萝莉式的青春气息，表面波澜不惊内心早已心潮起伏。严蕊呢，对眼前这个看上去文质彬彬的才子知州也是心存好感。

心有灵犀一点通，两人找了块礁石并排坐下，面潮大海，畅谈人生！

唐仲友告诉严蕊，自己从婺州金华，通过苦读入仕，从一个小小的校书郎做起，一路走来，台州将是自己人生的新起点，希望几年后仕途更上一层楼。

严蕊也向唐仲友讲述了自己从中原南迁到台州的悲惨经历和不幸的人生往事，说到伤心处，严蕊不由得哽咽低泣，唐仲友连忙轻抚其背，低声安慰。

不知不觉，月已西斜，海风吹来，阵阵凉意。严蕊不自觉地打了个寒战，唐仲友见状，伸手把她搂进了怀里。

唐仲友低头对严蕊说道：我们去歇息吧。

严蕊靠在唐仲友胸前，轻轻地点了点头。

唐仲友起身，牵着严蕊的小手，钻进了陈连升搭好的帐篷。

……

金屋藏娇

自从与唐仲友有了肌肤之亲后，每逢州府摆宴，私人设宴，严蕊经常应邀出席，唐仲友也不时亲自前去严蕊住处探望，一来二去，你侬我侬，就侬到一块去了。

严蕊是台州伎乐司的头牌，在唐仲友还没来台州上任前，就是台州众多达官贵人和商贾富户争风吃醋、争相宠幸的名妓。现在，唐仲友看上了严蕊，凡是男人都不愿自己喜欢的女人成天让别的男人迎来送往，搂来抱去，唐仲友是一个男人，而且是台州一郡之长，是这里最有头有脸的男人，所以，对严蕊他得专宠。

但是，问题来了，严蕊此时的身份是官妓，官妓也是妓，由专门的机构——伎乐司管理。在古代，妓人要从良嫁人，得先转变身份，一般窑子里的姑娘们叫赎身，官妓叫脱籍。唐仲友喜欢严蕊，想跟她光明正大地厮守，那就得让严蕊脱籍，也就是转变身份。但脱籍的手续很复杂，先得打报告，打完还要层层审批。

唐仲友文采飞扬，别说写报告，就是让他写论文都没有问题，但是，严蕊的脱籍报告，却着实有点难下笔。报告怎么写？写他唐仲友看上了官妓严姑娘，自己想把一个妓人弄回家好好过日子？如果这样写别人会怎么看他唐仲友？他还怎么在台州混、在官场混？这个报告不好写，唐仲友一时没有想出万全之策！

按南宋法律规定，一般情况下，官员招官妓娱乐，吹拉弹唱听听小曲看看歌舞表演，这是允许的，但让官妓陪睡侍寝那是绝对不行的。如果被告发查实，是要受到严肃处理的。

严蕊没有脱籍，唐仲友就不能光明正大地跟她在一起。这让两人都很痛苦，怎么办？不能光明正大，那就偷偷摸摸吧。我们的老祖宗不是早就说过吗？碰到这种情况，可以金屋藏娇！

没有金屋怎么办，可以买可以租。刚刚好上就买金屋，唐仲友感觉风险有点大，还是先租吧。租屋子藏女人这种事，不好交代下属去办，唐仲友决定自己亲自办。严姑娘是台州的头牌，怎么也不能委屈了她，得找个上档次有品位的屋子才配得自己心爱的姑娘。很快，唐仲友就寻觅到一处上好的宅子，有天有地有庭院有假山，闹中取静，环境好。

金屋有了，唐仲友领着严蕊住了进去，严姑娘很满意。

知州也差钱

唐仲友给严姑娘租的宅子好，但一分货一分钱，这宅子的年租金也不是一般人承受得起的，得 500 贯钱一年，500 贯钱是多少钱呢？因为不同朝代，钱的兑换和购买力不一样，但大体上满足下面这个兑换公式：

1 文钱 = 人民币 0.2—0.25 元，1 两白银 = 1 贯（吊）钱 = 1000 文钱，1 两白银的购买力相当于现在人民币 200—250 元。

从上面这组兑换公式，我们可以粗略估算，唐仲友租的这座宅子一年租金是 500 贯也就是十万元人民币左右，跟我们现在在三线城市租个小别墅费用差不多。

严姑娘小时候吃了不少苦，现在跟了自己，不能再让她受委屈呀，平时生活，得给她找个小丫鬟提包包，请个老妈子照顾起居吧，出门逛街或去看小姐妹什么的，得给她配个固定马车吧，有马车就得配个车夫，作为台州甚至是江南名妓，艳名在外，浪荡子弟色胆包天，得给她请个身手敏捷靠得住的保安吧，还有庭院这么大，要不要找个专职的阿姨打扫卫生？这一切的一切都是钱。至于多少钱，大家可以参考当今社会上一个二线明星的生活成本作为参考。

都说三年清知县十万雪花银，唐仲友当州郡一把手多年，每年的俸禄也是相当可观的，再加上在老家与堂兄弟们一起入股做生意赚的钱，按理来说，日子过得想多滋润就可以多滋润，但唐仲友的日子过得却有些紧巴，紧巴的原因是他家负担太重。唐仲友跟他父亲唐尧封一样，生了三个儿子若干个女儿，三个儿子又娶了媳妇，媳妇又生儿育女，再加上管家下人，有数十人之多。

这些年，从京城临安到江西信州，再从江西信州到浙江台州，唐仲友都是拖着一家子走的。几十口人全靠他一个人的俸禄维持，再加上几个儿子，一个比一个不争气，正事干不了，吃喝嫖赌，却个个都是一等一的好手。这些年来，幸好自己办事灵活，在正常俸禄之外，还有一些额外进项，这样下来，唐府才能正常维持，略有盈余。

现在好了，唐仲友要包养一个明星级别的女朋友，手头顿时就拮据起来了。

但严姑娘是唐仲友喜欢的妹子，再吃力他也决定要把住！

钱财花了可再赚，妹子青春一去不复返，只要严蕊有要求，唐仲友都会尽可能地满足。

没钱啦，那就想法子弄钱吧。

第十四章　敛财有术

唐仲友这人很聪明，年轻时专心学术，心思在经史子集上，一不小心，就把自己研究成了浙东思想学术的佼佼者，与吕祖谦、陈亮一起，被人称为浙东学术界的三大代表；从政入仕后，心思又集中在了钻营官场之术上，二十年不到，他就成了一郡之长，权倾一方；现在缺钱了，唐仲友开始一门心思想着法子弄钱。弄钱路上，他将何去何从？没人知道，包括他自己。

窃书卖钱

唐仲友弄钱，开始有些不得法，不得法的表现，就是他只盯着一些眼前之物，最先被他盯上的是什么呢？书，他自己选编、刻印的《四子》。

唐仲友是个爱书之人，自己精心编著的宝贝他很看重。但因为这次编书是官方出的钱，按规定，书编好后全部要登记造册，归台州府库所有，唐仲友可以送人可以放图书馆，就是不能运回家。看着几百套上好的宝贝，唐仲友心里不是滋味，尤其是在缺钱的日子。

这些书要是放到市场上去卖，那该多好啊！唐仲友每次进入书库，总是控制不住产生这样的念头。

书中自有黄金屋，书中自有颜如玉！

经过一段时间的内心纠结，唐仲友作出了一个大胆的决定：把书运回老家金华卖掉换钱！老子要黄金屋，老子想颜如玉！

但书是公家的，要把书从府库领出来，得有名目和手续，把书运出城，这也得有手续，不然，守门的衙役不让出门。

这点小事难不倒唐仲友，他利用一个午休的时间，就想到办法了，什么办法，那就是：捐书太学！朝廷规定官府印的书不能搬回家，但文件规定得很清楚，可以送书给过往官员交流学习，行，那我就整个大的，一次性捐300套书到太学，太学是当时的最高学府，是南宋官员的政治摇篮，我把书捐到那里去，总可以吧！

于是在一次议事时，唐仲友表达了捐书太学的想法。

唐仲友：这次印好的几百套《四子》，我想这样处理，留一部分在我们台州府库，给来往官员作随手礼，另外几百套，把它送到临安太学去，你们看如何？

众人听了，一时没有言语。大伙都是混官场的，对一把手的提议，都是比较慎重，一般不轻易发言表态。谁都知道，既然你一把手已经想这样干了，开会只不过是走过场而已，反对也没用，还落得个与上司唱反调的印象，何必呢？只有极个别坚持原则或脑袋一根筋的下属会跳起来反对。

台州这伙官员中，只有副通判赵善伋和司法参军朱烨两个人比较清廉正直，其他人要么得过且过混日子，要么见风使舵拍马屁，更有甚者，天生奴才相，只要领导说的就是对的，不对也对！

见大家一言不发，唐仲友：大家都不要拘谨，有什么想法，都可以说嘛！

司法参军朱烨问：请问唐大人，送到太学干什么？太学会缺书吗？

书院教授史清：送书进学校，当然是给学生看噻！

司法参军朱烨：送书可以，送过三五套最多十套也就够了，用不着送那么多吧？

朱烨说完，大家都不再发声。

唐仲友：听了大家的发言，本官也说几句，我之所以决定送书到太学，就是想让太学里的才俊们都读读我们台州版《四子》，这些太学生，五年十年后都将成为大宋的重要官员，也就是成为我们的同僚。给他们看看我们编的书，也是一种对话嘛。太学一期学生就是几十上百人，三五套十来套，怎么够呢？我这人做事就喜欢干脆，要送就送三百套。

见大家没有发声，唐仲友总结道：既然大家都没意见，那就这样定了，姚库监，你准备准备，由你亲自督办这件事吧！

姚舜卿点头应道：好的，唐大人！

开局顺利！接下来，唐仲友要做的事就是如何把书从府库领出来运到老家金华，这种活，不能亲自干，得找个帮手，谁呢？就你啦，马澄！

散会后，唐仲友找来衙役马澄：小马啊，有个时间急任务重的活，想找你帮忙，不知你愿不愿意帮我走一趟？

马澄连忙应道：唐大人什么事，能给您办事，那是我的荣幸！

唐仲友听了，很高兴，马上把他请到书房内喝茶谈事。

唐仲友看着马澄：小马啊，这次送书的事情，要辛苦你一趟了，这个任务我想来想去，就你最合适啦！我以茶代酒，敬你一杯！

马澄连忙起身，感激地与唐仲友碰杯：谢谢唐大人信任，我一定把事情办好！

唐仲友：小马啊，我问你，婺州你到过吗？

马澄：回唐大人，小人从小在台州生活，没出过远门，别说婺州就是我们台州其他县我都没走全呢。

唐仲友：是吗？婺州还是不错的，你可以去走走！

马澄：是，以后有机会是得出去走走，长长见识。

唐仲友：不用以后了，这次你就去吧！我让老三陪你一起到婺州走走！

马澄有些不解，心想，你不是让我送书吗，我听人说了，送三百套《四子》到临安太学，现在怎么说要我到婺州呢？

马澄是个沉得住气的人，他心中虽有疑问，但没有表现出来，他要让唐大人自己把想说的话说出来。果然，唐仲友见马澄没有反应，于是继续说道：小马啊，最开始我是想把书捐给太学，后来一想，不对啊，太学是什么地方啊？那可是我们大宋最高学府，什么书没有啊，我们送书给他们，他们不一定重视，如果把这些书送给边远山区的书院，他们会当作宝贝一样珍藏，你说是不是？

马澄连连点头：对对对，唐大人思考问题就是周详。

唐仲友摆摆手：哎，不瞒你说，我这个人，跟别人不一样，我最喜欢做的就是“雪中送炭”，最不喜欢做的就是“锦上添花”，我们把书送到最需要的地方去，这就是雪中送炭，所以我决定了，把这些书送到婺州，赠给各地缺书的书院！

马澄点头称赞道：唐大人英明！

唐仲友谦逊地摆摆手：只不过做些想做的事罢了！

马澄突然想起一个问题：唐大人，领书时办手续就写送婺州对吧？

唐仲友摇了摇头：还是以送太学的名义吧，这事已经议过了，要改的话，得重新议，很麻烦的！

马澄点头应道：好的，好的！

两人谈到深夜，马澄起身回家。走在路上，马澄回想着唐仲友的话，凭直觉，感觉这件事不是这么简单。

经过一番周折，马澄从府库把三百套书领了出来，装车出城，唐仲友的三儿子唐三少和他的堂哥唐士彪骑着马在城门口等候。在唐士彪带领下，一群人走走停停，三天后，终于把书运到了婺州金华，唐士彪指挥大家把书寄放到了金华四进士书坊。

完成任务，马澄回台州交差，唐三少留在金华帮堂兄唐士彪一起负责具体的“赠书”事宜。

书运到了金华，那就不再是公家的书了，而是唐仲友唐家的东西了。这么宝贝的东西当然不能送人，这得拿来卖钱。唐仲友给书标了价，一套《四子》十贯钱。很快，这些书就出现在了金华的大小书屋里。半年时间，卖出了一百五十余套，得钱一千五百余贯。唐三少在金华花天酒地挥霍了约五百贯，剩下一千贯交到了唐仲友手上。

唐仲友用这些钱给严蕊置办了一身金银首饰，千金博得美人笑，严蕊很高兴，唐仲友也很高兴。

觊觎庙款

天下名山僧占多，行走中国的名山大川，你会发现一个有意思的现象：两个地方的寺庙比较多，一个是贫穷的地方，穷人喜欢建庙，以求富贵；第二个是富庶的地方，富人也喜欢建庙，以求平安。

千里莺啼绿映红，水村山郭酒旗风，
南朝四百八十寺，多少楼台烟雨中。

——唐·杜牧

杜牧这首诗描写的是隋唐时期江南一带的寺庙情况。中国人喜欢拆旧建新，但在寺庙面前，没人敢拆，大家都怕报应，恶人也怕菩萨，所以到了宋代，寺庙有增无减。浙东一带又是富庶之地，自古佛教盛行、庙宇众多。南宋时期，台州境内就有大小寺庙数十座。

唐仲友初来台州时，跟所有官员一样，上任初期，先坐着轿子对辖区进行了一次走马观花的巡视，告诉大家，我来上任了。唐仲友在巡视过程中，一天，在当地官员陪同下来到了台州最大寺庙报恩寺附近。报恩寺在浙东一带很出名。宋朝著名文学和尚释行海曾写过一首送别诗——《送云太虚禅师住台州报恩寺》，赞颂过这座庙。

高卧北山长懒出，忽辞猿鹤上扁舟。
此行为道无荣念，相送于人有别愁。
峰顶凉宵明月上，门前终日大江流。
东南一路多奇观，寒拾诸公尽旧游。

——宋·释行海

听说是名山古刹，唐仲友自然要前往“调研”了，报恩寺的吴住持一听是台州一把手来“调研”，赶忙大开山门迎贵客。

见到唐大人，吴住持合十行礼道：不知唐大人光临，贫僧来迟，望您见谅！

唐仲友轻轻抬一抬衣袖，回应道：无妨，本官听闻报恩寺香火旺盛，今天到此一看，果然名不虚传。

吴住持把唐仲友等一干人让进禅房，大家坐下喝茶聊天，气氛甚是融洽。吴住持向唐仲友介绍报恩寺的历史由来和发展情况。

吴住持：感谢朝廷感谢台州历任知州大人，没有你们的关怀照顾，哪有我们报恩寺的今天！

唐仲友：山不在高，有仙则灵，是你们报恩寺灵验才赢得了方圆百姓的尊崇啊！对了，吴住持，你们一年的收入大约有多少？

吴住持：回大人，这个……这个……

唐仲友呵呵一笑道：怎么？当我是外人，不愿跟我说？

吴住持连忙应道：哪里哪里，我是一时不知如何回答大人的话，因为我们寺庙收入有好几块，一时也没统计，所以不知如何回大人问话。

唐仲友：你们还是多渠道创收啊，说来听听！

吴住持：最大的一块收入自然就是香火钱啦，我们报恩寺一年香火钱大约有五六千贯！

唐仲友一听，插话道：哦，有这么多啊！

吴住持合十道：都是托大人的福！

唐仲友哈哈一笑：不对啊，你们是托如来的福，托菩萨的福，不是托我的福！

吴住持：托菩萨的福，也托大人们的福！

唐仲友：还有其他哪些收入，说来听听？

吴住持一一汇报：除了香火，还有庙产，自古以来，每座寺庙都有一定数量的庙产，我们报恩寺也有数百亩的粮田和近千亩的山林，田产租赁给人锄种，一年也有一定的固定收入，合计起来，小僧算了算，大约在万贯！

听了吴住持的话，唐仲友感慨地应道：家财万贯，万贯家财，你们庙里收入可不少啊！

吴住持合十道：阿弥陀佛，托大人的福！台州民风淳朴、人心向善，每年都有施主进庙捐款，一次捐个三五百贯常有，甚至有一两千贯的。

唐仲友打量着禅室：一年这么多钱，难怪俗话说，穷庙富方丈。

唐仲友带着一干人喝了清茶，吃了斋饭，然后坐着轿子离开报恩寺。

这次报恩寺之行，唐仲友得出两个结论：第一，寺庙是个有钱的地方；第二，住持、方丈是个肥缺！

唐仲友回到台州州衙，一直忙于自己的新官三把“火”，把报恩寺的事很快忘到了脑后，几经折腾，三把“火”烧完了，府库里的钱也折腾得差不多了，再加上自己小金库的钱也用光了。唐仲友手头一紧，很快就想到了报恩寺！

唐仲友在书房踱着步：那可是个富得流油的地方啊！

唐仲友惦记上了报恩寺每年万贯的收入，不仅是报恩寺，他盯上的是整个台州境内所有的寺庙，唐仲友粗略算了算，境内有大小寺庙数十座，一座哪怕一年只收1000贯，那累计起来也是一笔了不得的财富。

不怕贼偷就怕贼惦记。唐大人惦记上了报恩寺，很快，吴住持的麻烦就来了。

一天，报恩寺来了一群衙役，提着棒持着枪冲进吴住持办公室，把他锁拿后带走了，锁拿的理由很充分：吴住持犯了戒，什么戒，淫戒！

唐大人亲自审问吴住持。

唐大人：吴住持啊吴住持，你既然已出家为僧，为什么还六根不净还去春香楼呢？

吴住持：唐大人，我冤枉啊！我没有上过妓院啊，你可不能冤枉我啊！

唐大人把眼一瞪：大胆吴住持，你竟敢说本官冤枉你？说你嫖娼，我可是有人证在此！

吴住持坚持说自己心静如水，一心向佛，从来不过问人间情欲之事。

吴住持：唐大人，你既然说有人证，那好，你把人证叫出来，小僧愿与他当面对质。

唐大人冷眼看着吴住持：行，本官就让你心服口服，看到底是不是我冤枉你！

很快，一个五十岁上下，长得肥头大耳的和尚来到堂上，此人出家前姓孙，出家后法号介登。

唐大人指着跪在地上的吴住持问介登：介登法师，你可认得此人？

介登装模作样地围着吴住持转了一圈，对唐仲友说道：唐大人，没错，贫僧控告的正是此人，此人犯了出家人的大戒！

唐大人：介登法师，你且说说为何控告此人？

介登指着吴住持：唐大人，此人犯了淫戒，半个月前，就是他带贫僧逛窑子！

吴住持指着介登：介登，你撒谎，你是个野和尚！

吴住持瘦高个，介登和尚矮胖子，两人在堂上争辩起逛妓院的事。众人忍不住大笑起来。

唐仲友一拍惊堂木：肃静！

众衙役笃着手中的廷杖，口中喊着：威——武！

唐仲友看着介登：介登法师，你别急，慢慢说来！

介登双手合十道：好的，唐大人，一个月前，贫僧从婺州义乌到台州报恩寺打挂，当时找到这个吴住持，他起初不肯，后来贫僧把一串珍藏了多年的南海砗磲挂珠送予他，他才同意贫僧打挂，半个月后，他叫贫僧陪他下山采买，到了城里，来到一个妓院门口，他说进去办点事，让贫僧在外面等他！和尚进妓院，这不是犯戒是什么？

吴住持气得脸发紫：介登，你血口喷人，我何曾要过你的珠子？我何曾跟你一起逛妓院？当初你到报恩寺来，说自己在义乌不小心失火烧了寺庙无处安身，是我好心收留你，介登，你这是恩将仇报啊！

唐仲友：吴住持，你说你没跟介登法师到窑子，我有人证，带人证唐葫芦。

很快一位矮个中年男子被带进堂来。

唐仲友：证人报上名来。

唐葫芦：小人姓唐，又以卖糖葫芦为生，所以街坊们都叫小人唐葫芦！

唐仲友一指介登和吴住持问道：唐葫芦，你看看，你见过他们二人吗？

唐葫芦看了看，点头道：眼熟得紧，好像在哪里见过！

介登：你再想想，半个月前的一天中午，我和他，我们两个向你买糖葫芦！

介登边说边比画，唐葫芦一拍脑袋：对，想起来了，春香楼下，两个和尚买过小人的糖葫芦！

介登一拍唐葫芦肩膀：这就对了！

唐仲友看着吴住持：吴住持，这下，你还有什么话说？

吴住持：唐大人啊，我真没有犯戒真没有嫖娼啊！介登不是人，是他冤枉我啊！

唐仲友：你说介登法师冤枉你，那唐葫芦也冤枉你啦？

吴住持：我是跟介登一起在下山采买时确实买过他的糖葫芦，我是从春香楼路过，但不证明我就嫖了娼犯了戒啊！

唐仲友生气地看着吴住持，厉声道：吴住持，面对两个人证，你还敢不招，来人，大刑伺候。

很快，衙役们搬来刑具——夹棍，强行把吴住持的十指套进夹棍，两个衙役分开站立，收紧夹棍，吴住持顿时感到一阵钻心的痛！

唐仲友在一旁：招还是不招？

吴住持摇了摇头，咬牙坚持。

唐仲友看了，冷笑一声：好呀，你要跟我玩坚强是吗？用力，给我用力拉！

吴住持忍受不住，顿时痛得在地上打滚。

唐仲友蹲在地下，看着吴住持：我看你能忍到什么时候？

吴住持不再坚持，痛苦地点着头：招啦，唐大人，我招啦，我承认嫖娼啦！

唐仲友：是你自己承认的啊，我没有逼你啊！

吴住持点了点：是我承认的，我愿意签字画押！

唐仲友让人写好罪状，递给吴住持签字画押。

唐仲友当庭宣判：经本府查明，报恩寺吴住持出入春香楼嫖宿妓女犯淫戒，现责令收缴其戒谍，逐出台州！

吴住持在众人哄笑声中，痛苦地走出了台州州衙。他茫然地行走在台州的大街上，他感到，偌大的世界，却没有自己的容身之所！此时的他，心中充满了对介登无限的恨，他哪里知道，真正要害他的人不是介登，而是那个坐在堂上满脸正气的唐大人！

介登是怎么突然一个月前出现在台州报恩寺的呢？原来，他是唐仲友专门从老家婺州请来的。介登姓孙，在家排行老二，人称孙老二，年轻时是个混混，吃喝嫖赌，坑蒙拐骗，什么都干过，后来，因为强奸村中女子被官府通缉，走投无路的他心生一计：落发为僧。在古代，凡是做了坏事，只要你遁入空门，就算红尘事了，四大皆空。也就是说，只要你当了和尚，你犯了再大的错，官方也不再追究了。介登这人虽落发为僧了，但他身在佛门却仍留恋红尘。

唐仲友是怎么认识介登的呢？这还得从十几年前说起，当时唐仲友的老爹唐尧封去世了，唐仲友从京城临安回到老家婺州金华丁忧，唐家是大户人家，丧事自然要办得热热闹闹的，人家请三五个和尚念经，唐家讲排场，请了二十多个和尚来念经超度。当地和尚不够了怎么办，从邻近县市的庙里借，就这样，介登从义乌借调到了金华，在唐家念了七七四十九天的经。当时唐仲友三十岁左右，介登也是四十岁不到，年龄相仿，介登能说会道，又会拍马溜须，很快就和唐仲友成了好朋友。

念完经没事干，介登就找唐仲友聊天。一天，介登煞有介事地看着唐仲友，端详了半天。

唐仲友：介登法师，怎么啦？

介登：唐兄弟你别动，让贫僧好好看看你！

唐仲友有些不好意思，扭捏着脑袋：我有什么好看的！

介登一脸惊讶地说道：唐兄弟，你生得一副贵人之相！

唐仲友：法师说笑了，我现在只不过是个小小的秘书阁奉议郎，何贵之有？

介登拍了拍唐仲友的肩膀：唐兄弟啊，你整个脸形生得天圆地方，棱角分明，这就是典型的贵人之相，还有你这脖子，细长细长的，我敢断定，你在五年之内，必将主政一方！

唐仲友一听，来了兴趣，忙问道：法师，你再帮我看看，我能官至几品？

介登盯着唐仲友端详一番，伸出一手四指并拢拇指弯曲。

唐仲友惊喜道：四品？

介登点头道：打底四品，如果机缘好的话，一品二品也不是没有可能！

唐仲友激动地起身端起两杯茶，一杯递与介登。

唐仲友举杯：谢法师吉言，我以茶代酒，唐某人如果真有飞黄腾达的那一天，定当重谢法师！

介登接过茶一饮而尽，放下茶杯双手合十道：出家人不打诳语，唐兄弟你就好自为之吧！

介登一席故作玄虚的吹捧，把唐仲友说得晕乎乎的，唐仲友觉得与介登相见恨晚，于是，拉着介登跑到城外的关帝庙拜了把子。介登年长几岁当了大哥，唐仲友小几岁做了小弟。

不知是介登算得准还是唐仲友运气好，反正五年时间不到，唐仲友真的升官了，被朝廷任命为信州知州，来到江西上饶成了一郡之首主政一方。在信州期间，唐仲友曾派人到义乌找过结拜大哥介登，但没找着。

这次，唐仲友盯上了报恩寺的钱，他需要一个帮手，谁好呢？思来想去，觉得介登是不二人选。于是马上派出多路人马前往义乌寻找，功夫不负有心人，一个礼拜就找到了，而此时的介登已还俗，倒插门落户到了一个寡妇家。

介登一听自己的好兄弟唐仲友当上了台州知州，那是既惊又喜。好家伙，自己当年随口一说的话，竟然应验了！奶奶的，我胡诌的话都能成真，我这是金口啊！

介登非常高兴，唐兄弟果然是个讲信用的人，当了这么大的官，竟然没有忘记我，还派人来找我这个和尚哥哥。

仇人相见，分外眼红，故人相见，分外亲切。不管好人还是坏人，都一样。介登很快就随衙役来到了台州，唐仲友高兴啊。

唐仲友没有食言，在府里用最高标准接待介登，既然大哥介登已还俗那就不讲究了，海吃海喝了好几天，唐仲友甚至带着介登一起到州衙上班。介登没事就在州衙院子里转悠。

天天在这里吃人家喝人家的，也不好吧，得干点事，干什么事呢？有了，帮唐兄弟改改台州府的大门！于是，介登找到唐仲友，告诉他，兄弟，我这些日子天天在您府里转悠，我不是吃饱了撑着，我是在帮你调风水！

唐仲友一听很感动：介登大哥呀，你总是这么用心帮我，我怎么感谢你才好呢？

介登一拍唐仲友的肩膀：你这是说什么话呢？你谁呀，你是我最好的兄弟啊，我能不帮你吗？我调来调去发现台州州衙的大门有点不对劲？

唐仲友：怎么个不对劲啦？

介登：你大门前方一百米是什么？

唐仲友想了想：公厕啊，有什么不妥吗？

介登：当然不妥啦，大大的不妥啊，你想想，你一开门，前面一个厕所对着你，我进去看了，而且是坑口对着你坐的位置，你在上班，人家用屁股对着你，这怎么行？这叫什么？这叫秽气迎头，很不吉利。

唐仲友一听，觉得有道理：大哥说得对，得调，必须调！我明天就下令，让人把厕所拆了填平！

介登摇了摇头：拆了也没用！

唐仲友：为什么？

介登：你想想看，这里是厕所，你拆了，它也是厕所，在台州人眼里，你的大门就是对着厕所！

唐仲友是个学霸，但在江湖骗子介登面前，他只是个小学生。

唐仲友：那你说说，要如何办才好？

介登：我们可以改大门啊，以前是东南开，现在把大门封了，在西北面的围墙上挖个门，然后再把你的大办公桌移个方向，你再看看，你前面是什么？

唐仲友抬头一看，远处是一大笼篁竹，长得甚是茂盛。

唐仲友：竹子啊！

介登：这就对了，这叫竹报平安！还有，竹子是怎么长成的？

唐仲友：笋啊！

介登：说得好，笋是节节高升，竹是竹报平安，这样一调整，你的官运财运马上就不一样！

唐仲友一想：有道理哦！

于是对介登竖起大拇指：大哥你就是灵活！

介登谦虚道：也没什么，风水调得多了，有些心得罢啦！

唐仲友：对了，介登大哥，我这次找你来，本来是想找你商量件事。

介登：什么事？

唐仲友看着介登：算了算了，你都还俗了，不说也罢！

介登：你看你，不把我当兄弟，说，什么事，当大哥的，一定帮你搞定！

唐仲友：我本来是想让你来台州当报恩寺的住持，哎，你还俗了就算了！

介登：报恩寺我晓得，名气大着呢，报恩寺不是有住持吗？

唐仲友：说来话长，不说也罢！

介登见唐仲友欲言又止的样子，知道有事。

介登：唐兄弟，你有事就直接告诉哥，上天入地，哥帮你！

唐仲友把介登让进内室，拉上门窗。

唐仲友：介登大哥，我实话告诉你，我这次找你，想做件大事！

介登：什么大事？

唐仲友：让你到报恩寺当住持，同时兼管台州境内所有寺庙。

介登：让我当和尚，这算哪门子大事？

唐仲友小声道：大哥，这你就不懂了，你知道报恩寺一年的香火钱加各项收入是多少钱吗？一万贯！

介登：啊，这么多钱！

唐仲友：这还只是报恩寺一个庙的钱，台州大大小小几十个庙，你算算有多少钱，你说这算不算大事？

介登：大事，绝对的大事！

唐仲友：我想对这些寺庙进行整顿！

介登：为啥啊？

唐仲友：你想想，一个小小的住持，手里就有几千贯上万贯的钱，日子过得比我这个朝廷四品大员还舒坦，你说要不要整顿？

介登什么人啊？人精啊，他一听，马上明白了，原来是唐大人盯上了寺庙里的香火钱了。

介登：听兄弟你这么一说，确实该整顿！

唐仲友看着介登，有些失望地摇了摇头：可惜大哥你已还俗啦，哎，当不了这个住持啦。

介登一盘算，帮你唐大人捞大钱，我捡点落下的碎银子应该是没问题的。这可是个千载难逢的好机会，人精介登岂会错过？

只见介登双手合十：唐大人，俗话说为兄弟两肋插刀，我介登能为唐兄弟你，再出一次家！

唐仲友听了，感动啊。

介登：我到报恩寺去是没问题，但怎么当这个住持呢？我总不能去把现在的住持从庙里拖出来，自己住进去吧？

唐仲友看着介登：这个你不用操心，兄弟我已经想好了驱逐吴住持的办法了。

介登走近唐仲友，唐仲友跟介登一阵耳语。

几天后，介登剃了发，头上现成的戒疤还在，换上一件宽大僧服便成了出家人。唐仲友亲自送他出门，然后他就一路赶往报恩寺。

根据唐仲友设计的步骤，介登先是住进了报恩寺，然后状告吴住持犯戒嫖娼，唐仲友开堂审理，吴住持屈打成招，成功被唐仲友逐出报恩寺逐出台州。然后介登在唐仲友的推荐下，很快当上了报恩寺的住持，并兼管起整个台州的宗教事务。

介登这人胆大灵活，在唐仲友的授意下，出台文件，推出住持、方丈竞聘上岗措施。大家都想当住持当方丈，怎么办？比佛学比能力？错了，是到介登那里表决心表孝心，谁出钱多谁就当住持当方丈。短短一年时间，台州五县所有寺庙的住持、方丈几乎是轮换了一遍，甚至发展到明码标价，大庙住持 1000 贯一年，小庙住持 500 贯一年。介登把这些弄来的钱，分成大小两堆，小堆留给自己，大堆送到唐仲友手上。

金屋藏娇，唐仲友用这些钱，给严蕊付房租雇佣人，严蕊过上了金丝雀似的包养生活，唐严二人经常腻在一起，成双入对，成了台州公开的秘密。

过桥收费

唐仲友敛财渐渐敛出了一些心得，什么事到了他手里，都能成为敛财好项目。他在台州不是烧了三把“火”吗，其中第二把“火”就是建中津浮桥。这是他在台州做得最成功的一件事，台州从上到下，不管是坐轿的官员还是挑担的贩夫，对唐仲友修桥没有不竖大拇哥的，唐仲友对此很受用。

他经常与严蕊坐着轿子到灵江边，然后步行到中津浮桥上。唐仲友与严蕊在桥上看风景，喜欢凑热闹的台州市民在岸上看他们。

站在桥上，河风一吹，惬意啊！

有心理学研究人士认为，人在放松状态下，脑子比平时好使。这说法应该有一定道理，唐仲友在桥上小风吹着，美人陪着，仿佛达到了人生的高潮！

一天，严蕊挽着唐仲友在桥上踱着步，踱着踱着，唐仲友突然停住了。

严蕊看着唐仲友：咋啦？

唐仲友：有啦！

严蕊不解地问：什么有啦？

唐仲友高兴地道：收钱，收过桥钱，走，我们回去！

严蕊：回去干什么？

唐仲友：回去开会啊！

两人快步下桥，坐着轿子赶回州衙。唐仲友让师爷马上发通知，要求台州府司监一级的官员一个时辰内必须赶到会议室开会。

师爷小声提醒：唐大人，今天是休息日啊。

唐仲友有些生气地把手一挥：休息你个头啊，工资都快发不出来了，想法子筹银子发工资才是正事！

师爷一哈腰：是！

不一会儿，人到齐了：通判高文虎、副通判赵普伋、公使库监姚舜卿、司户参军赵善德、录事参军范同、什物库监陆侃、司理参军王之纯、司法参军朱烨……

唐仲友坐在会议室的“C 位”上，向大家拱拱手：不好意思，临时把大家喊来，我呢刚才在浮桥上散步，突然有了一个筹钱的法子。

大家一听是钱的问题，立马有了精神，为什么？因为台州官员已有一个月没领到月俸了。

通判高文虎：唐大人辛苦，休息日还在为台州操劳筹钱，请问是什么法子？

众人望着唐仲友。

唐仲友：你们看，我们中津浮桥不是修好了吗？为这个桥，我们可花了不少银子，我在想啊，能不能设个卡收点过桥费？

司法参军朱烨听了马上站起来反对：唐大人，这个不可行！

唐仲友：哦，怎么不可行？

朱烨：于法不合！

唐仲友反问：州府花钱修桥，方便了大家，现在收点钱怎么就于法不合了？

我们收钱又不是放到你我腰包内，全部归公使库统一管理，违什么法？录事参军范同你来说说可行不可行？

范同是个老好人，听唐仲友点名问自己，不知如何作答，只得慌乱应道：下官没意见，唐大人觉得可行就可行！

唐仲友再问司户参军赵善德：赵参军，你说说看？

赵善德是个趋炎附势之人，在唐仲友还没有到达台州之前，他就把这个上司的背景了解得一清二楚，知道唐仲友家族大、关系硬、手眼通天。赵善德早就有把宝押在唐仲友身上的想法，但苦于没有机会表现，善于察言观色的他断定，唐仲友已经打定主意要收这个过桥费了，他之所以开这个会，只不过是想走个形式而已。

于是，赵善德起身说道：依下官看来，修桥用的是府库的钱，收点过桥费也是合理的，这也算是取之于民用之于民，对吧？唐大人，我觉得完全可以收！

唐仲友赞赏地看着赵善德，等他话音一落，当场表扬道：你们听听，赵参军说得多好，取之于民用之于民！当官啊，就应该有这样的觉悟！大家还有没有意见，有意见站起来说啊！

这个场合，只有傻子才会站起来，当官能当到司监这个位置，谁也不是傻子，大家都坐着不动。

唐仲友环视了一圈，没人站起来，于是说道：没人反对，就代表全票通过，我看这样好不好，这件事就由司户参军赵善德赵参军来具体操办，越快越好！

赵善德站起来一拱手，大声应道：是，下官愿听唐大人差遣！

能得到一把手看重，赵善德很珍惜这次机会，他快速行动，在短时间内就牵头成立了一个专门的过桥费征收机构，人员由台州州衙的衙役组成。

经过简单培训，一伙人就带着棍棒上岗了。为什么带上棍棒呢？一是他们是由衙役调岗过来，棍棒是他们的吃饭家伙，二是收过桥费没有先例，万一碰到不肯交费的刁民怎么办？如果刁民中有人会武功那就更不得了，所以带着棍棒，以防万一。

现在看一些影视作品，经常会看到在某个关隘或山林路口，一群客商正要经过，突然跳出一伙手执刀枪的汉子，为首的大喝一声：此树是我栽，此路是我开，要想从此过，留下买路钱！但是作为台州官方，如果也像拦路的强人蛮汉一样，面对过往客商也是大喊一声：此桥是我修，要想从此过，留下过桥钱，好像不妥！

赵善德向唐仲友汇报时，提到了这个问题，唐仲友一想，确实不妥，收费是得有个名目，叫什么好呢？唐仲友再次把大伙召集在一起商讨。司法参军朱烨对朝廷律令典章较为熟悉，认为在当前所有收费款项中，唯有“力胜税”与眼前的过桥税八竿子打得着一点。

唐仲友拍板：行，那就叫“力胜税”！

有了名目，接着就是开工收钱。赵善德这人名字中有善德二字，似乎是个好人，但这人枉有一个善名，干起坏事来一套一套的，比坏人还坏！怎么个坏法？他让人拦截过往船只，满三天才集中放行一次，为什么这样做，一是他人手不足，检查、收费忙不过来，二是他要借机敲诈勒索外地来的大户客商，想要敲诈勒索，你就得先把他们扣下来才有机会。

千百年来，这些船家、商贩在灵江上自由通行惯了，忽然之间官府要收银子，就有一种被拦路抢劫的委屈，当然心不甘情不愿，因此也发生了一些冲突，但船夫小贩赤手空拳，衙役们手执刀枪棍棒，双方装备不对等，打不起来。商贩们大多是吵闹一番后，乖乖排队接受检查、交钱放行。唐仲友的这一设卡，灵江上流淌的不仅仅有江水，还有船家、商贩的委屈；浮桥上回响的不仅有浪潮的呜咽，也掺杂了过往生民的怨恨。

有一个来自绍兴府的王姓海鲜贩，从外地运了一船的活海鲜回家乡贩卖，可是到了台州中津浮桥被衙役拦下了。一打听要三天才放行，急了，整船的海鲜是自己半个家当啊，当时又没氧气装置，三天不放行，放行再回到家，至少得五六天，整船海鲜不死光才怪，他求衙役们行行好，衙役们当然不答应，后来，有个岁数大的衙役看他可怜，小声告诉了他一条“明路”，让他去找参军赵善德通融。找到赵善德，王姓商贩好话说了一箩筐，赵善德一言不发，再说一箩筐，赵善德双手一摊说话了。

赵善德：老王呀，不是我不帮你，我也没办法，对不对？

王姓商贩：赵参军您好啊，交过桥费没问题，我马上交，您说多少我就交多少，交完你就放我过去行吗？

赵善德：不行啊老王，三天一放，这也是文件规定的，我不能违规操作啊，如果我私自放你过去，其他客商怎么看我，唐大人那里我怎么交代？

王姓商贩：赵参军，你就可怜可怜我们这些出门做小生意的人吧，我上有八十老母下有三岁小儿，他们都指望着我这趟能赚点小钱回去养活啊！

赵善德：老王啊，我知道你们做生意不容易，但我们这些当差的这碗饭也不好吃啊，大家都互相体谅体谅吧！再等两天，等到了期限我让你第一个开船。

王姓商贩：等不起啊，等着等着我一船的鱼啊虾啊全死逑了！赵参军你就行行好吧！

王姓商贩扑通一声跪在了赵善德面前。赵善德见差不多到火候了，站起来扶起王姓商贩，然后引进一间小暗屋，坐下。

赵善德：老王啊，你也看到了，外面人多不好说话，如果你真的着急，办法不是没有。

王姓商贩：什么办法？只要能让我马上开船，什么条件我都答应。

赵善德：是这样的，我们搞个快速通道，专门为一些特殊商品提供便利，但手续比较麻烦，必须得有唐大人特批的通行便条方可放行！

王姓商贩一听连忙求道：赵参军，麻烦您带我去见唐大人，求他给我这船货特批一下！

赵善德看着王姓商贩：老王啊，我们唐大人日理万机，一般人是不见的，我这里呢，刚好有一张唐大人批好的通行便条，如果你真的着急，这样吧，我就破个例，你给我 100 贯，我偷偷转给你，你拿着这张便条找衙役放行，这事，你知我知天知地知，不能让别人知道啊！

王姓商贩疑惑地看着赵善德：真管用？

赵善德点了点：真管用！

王姓商贩拿着便条找衙役，很快，他便在众人羡慕的目光中起锚开船了。

中津浮桥是进出台州的重要交通要塞，赵善德在此设卡，一年为府库收得“力胜税”数千贯，另外，私下里从客商口袋里勒索来的钱，赵善德和唐仲友三七分成，赵善德三唐仲友七。一年下来，唐仲友也分得三五千贯。

酒坊挪钱

金国兴起于茫茫草原之上，是游牧民族建立的政权，天天喝奶吃肉，不管男人女人都比较剽悍，再加上马骑得好、箭射得准，一般人不是他们的对手。金国与宋朝开战以来，大多是金胜宋败，一战败免不了要给金人赔银子送女人。宋人很恼火，悲愤出诗人也出猛人，此时的宋朝就出了几个彪炳史册的猛人，比如岳飞、韩世忠，还有张俊、刘光世、吴阶，等等。这几个哥们带部队打仗，全是不要命的主。尤其是岳飞，从小就让母亲把“精忠报国”刺在背上，带着儿子和兄弟们跟金人干，打得金国的精锐部队“铁浮屠”抱头鼠窜，哭爹喊娘，见人就说“撼山易撼岳家军难”。岳飞打得性起，一直嚷嚷着要“直捣黄龙，迎回二圣”。韩世忠也是个狠角色，带着老婆梁红玉，领着一伙人跟金人拼命，把金国的金兀术围在黄天荡进退不得，最后是偷偷坐着小舢板半夜逃走，差点就被活捉了！金兀术跑回去跟自己的皇帝叔叔金太宗完颜晟汇报：宋朝有个姓韩的两口子可厉害啦，女的把鼓敲得震天响，男的领着一帮人把我们围起来打，还好我跑得快，如果慢一步，我就见不到皇帝叔叔您了！完颜晟拍着他的肩膀，好一顿安慰，才平静了金兀术受惊过度的心。

战场上猛人多，但朝堂里怂人也多，将士们在战场上浴血奋战，这伙怂人在朝堂上摇摆不定，是战还是和？天天议过来议过去。

跟人干仗，就怕心不齐。比如两口子跟一个流氓打架，男人好不容易占了上风，完成了“裸绞”，把流氓摁住了，这时，媳妇跑上来，扳着男人的脖子说，老公你别打了，万一你下手太重伤了流氓怎么办？万一你防卫过当衙役把你逮走了我怎么办？男人正犹豫，流氓抓住机会，起身一招锁了男人的喉！

宋朝就是这样，武将在战场上跟人死磕，一些文官在朝堂上拖后腿，金国趁机锁了宋朝的“喉”。

被金国锁了喉的宋朝，顿时失去了还手的能力，只能是退让再退让，金人占据了中原大部分地区，一批又一批中原人不愿受金人管也不愿跟金人做邻居，怎么办？那就南逃吧！等到有一天“王师北定中原日”，大家再相约一起“告乃翁”！

看着大拨大拨逃难到南方的难民，这可是大宋的子民啊，南宋朝廷不能不管他们的死活，于是，朝廷下发公文到各州各郡，每个地方必须接收一定数量的难民，朝廷给这些难民取了个很有意思的名字——归正人！

分到各地的归正人，初来乍到，要房屋没房屋要土地没土地，怎么生活呢？朝廷规定，给这些人每人每月发些供给钱，钱不多只能维持温饱，不至于让这些人归正了还饿死冻死。供给钱谁出，当然是各州各郡自己想办法。

按照宋朝当时的法律，政府部门是不能开店卖酒的，公务员也不能经商，这是有明文规定的。

既要马儿跑又要马儿不吃草，办不到。州郡的地方官们也不傻，朝廷要我给你养人，可以，你得给我政策，什么政策，同意我经商做生意。朝廷开始不同意，后来打报告的人多了，朝廷没办法，也就原则上同意了州郡的要求，于是，不少州郡都在公使库名下成立了一个商业机构，专门做生意，哪门子生意赚钱就做哪门子生意。

台州在浙东来说，是个大郡，朝廷每年都要分配数以千计的归正人名额给台州，到了唐仲友这一任上，归正人再次增加，唐仲友不干了，他接二连三地打报告给朝廷，说你每年安排这么多归正人到台州，我台州财政本来就吃紧，没办法养活这么多人，要么你减少分配名额，要么你答应我一个条件——同意我卖酒，朝廷想了想，选择了后者。

于是，唐仲友扩大酒坊规模，提升产量，在城区增加售酒实体店数量。老百姓听说是政府开的酒坊，质量有保障，生意自然很红火。唐仲友要求，在酒店里既卖生酒又卖煮酒。而唐仲友酿酒的成本很低，首先原料不要钱，都是从仓库中收租收来的米麦，当时收进来时是按大斗进小斗出，所以，每年上交完朝廷规定的数额后，粮库里一般还会剩下不少粮食，这些粮食全部被唐仲友拿来酿酒了。据记载，一个店一天就可卖生酒 180 贯，卖煮酒约 200 贯，两项加起来一个月大约是一万贯，一年就是十多万贯！据测算，南宋的一贯钱也就是一两银子，相当于现在的 200 多元人民币，十多万贯就是 2000 多万元人民币。这些钱，一大部分作为供给钱用来救济境内的归正人，剩下的钱被拿来设了小金库，补贴州府的日常开销和救急，唐仲友当然不会放过这笔钱，但这笔钱账目很明晰很难做手脚，为了贪污这笔钱，唐仲友动了不少心思，想了不少名目来套取。

通过香火钱、过桥费、卖酒钱，唐仲友手上可使的钱慢慢多了起来，用这些钱“金屋藏娇”，和严蕊过起了快乐的同居生活。

第十五章　我想脱籍

朱大人，你问我我跟唐大人的关系，你这个问题让我很难回答，为什么呢，因为我俩的关系像蜘蛛网一样复杂。我先给您说说的我故事吧。

少女时代

严蕊说，我本名叫周幼芳，严蕊是我的艺名，我小时候在中原生活，家道小康，我现在吹拉弹唱的技艺，全是幼年时学的。后来，金人杀入中原，占领了我的家乡，我们一家逃难到了台州黄岩，成了归正人。长期的劳累和奔波，父亲在来台州不久就病逝了，我下面还有一个弟弟，是母亲含辛茹苦地把我姐弟俩拉扯大的，朱大人，你不知道，作为底层弱势群体，讨生活有多难，我们三人相依为命，帮人缝过衣裳，到富户家当过保姆，最穷时揭不开锅我们娘仨还到坟地里吃过供食。

朱子说，严姑娘，我也是吃过苦的人，我跟你一样，我爹也是在我十四岁时就去世了，我和母亲还有一个妹妹也是相依为命，不过我比你幸运，我在武夷山下碰到了一群好人，是他们养育我教育我，使我走上了一条知识改变命运的路。严姑娘你别伤心，一切都过去了，眼睛要往前看，相信未来相信明天。

严蕊感激地看着朱子，没想到作为朱大人，如此平易近人。她在朱子身上，找到了女儿对父亲般的感觉。严蕊有了继续诉说的欲望。

后来，我母亲生病，实在没有钱医治，于是，我就进了一个乐坊，希望以卖艺求生，我这人还是比较有艺术细胞和文学天赋的，琴棋书画，歌舞丝竹，我只凭幼时的一点基础，剩下的全靠自学，在填词方面，我很喜欢朱大人你的老乡柳咏，你说一个大男人，怎么就把词写得那么委婉呢？我能填词，你这个老乡功不可没！

我这人虽然出身低微，但心气还是有的，在乐坊里，我坚持卖艺不卖身。

在台州，很多癞蛤蟆似的浪荡子弟经常跑到乐坊来调戏我，我为保护自己，只好装着目空一切高冷的样子不搭理他们，这群人没有占到我的便宜，就四处传谣，说我是扫帚星克夫命。但我坚持走自己的路不理谣言。我这种特立独行的行为成了台州娱乐界的一景，曾引得台州无数商贾官人争相献殷勤，但我始终不为所动，直到一个人的出现。这个男人叫谢希孟。

大家可能对这人没有印象，但说起他的祖宗大家应该都认识，那就是在“淝水之战”中把独眼龙苻坚打得半死，吓得草木皆兵的谢安。“旧时王谢堂前燕，飞入寻常百姓家”。谢家本来是住在金陵的，后来因为战乱，家族的一支就搬到了台州定居，成了台州有名的大户。

台州有两大豪门，一个是钱家，一个是谢家，谢希孟是谢家的大公子，长得帅不说关键是还很有才，不仅画得一手好画还能吟得一口好诗。见到这个男人，我知道自己完了，我梦中骑白马的那个人来啦！

谢希孟也经常来乐坊，但我发现他跟别的富家子弟不同，每次来要么听听歌要么看看舞，从来不在此留宿或喝花酒。他每次听我弹琴都是以礼相待，一来二去，我们成了朋友，后来，是我主动向他表明心迹，他温柔地把我搂进了怀里。我们到了谈婚论嫁的地步，他把我领回了谢家见家长，但谢家长辈得知我身世和职业后，强烈反对，嫌我出身贫寒门不当户不对，更嫌我乐坊艺人的身份！

对于谢家长辈的看法，谢希孟开始也反抗过，甚至还以绝食抗争，但最终胳膊拗不过大腿，他扛不住整个家族的压力，退缩了，我一点都不记恨他，相反我还很感激他，作为一个豪门长子，能为我做到这些，我很知足，我觉得我没爱错人。分手那天，我和他执手相看泪眼，竟无语凝噎！

当我告诉小谢“从此一别是路人”时，我俩都没忍住，抱头痛哭了一场！

不能与相爱的人相守，我的心如刀割般疼痛，很长一段时间，我把自己关在屋里，以酒消愁以泪洗面，在半醉半醒间，我反复问自己，贞节算什么？妇道算什么？村头立着的一座座牌坊又算什么？

后来，我想通了，没有了真爱，贞节、妇道算个屁，牌坊也算个屁。从此，我走上了一条不归路，成为一名营妓也就是官妓。官妓，这是我以前想着都觉得龌龊的字眼，没想到现在却成了我赖以生存的职业。

天真纯情、心存幻想的严蕊从此消失了，唯利是图、以色事人的营妓严蕊出现了。

随着我的艳名鹊起，不少商贾官人常常一掷千金，只为听我轻歌一曲，更有暴发户带着银票专程来台州，只为与我共进晚餐。对于这些浪荡之人，我从没把他们看在眼里，这些年来，我学会了强颜欢笑，也学会了逢场作戏和虚与委蛇。

重燃梦想

直到一个人的出现，我的心又开始起了涟漪，他就是唐仲友唐大人。在他来台州上任的接风宴上，大家行令猜拳玩得不亦乐乎，一屋子的人都喝得醉醺醺的，所有男人中，最有风度的就是唐大人啦，作为一郡之长，温儒文雅，浑身散发一种成熟与内敛之美，同时在他身上又很有原则，整桌人包括我们伎乐司的众姐妹都想灌他的酒，我也想看他酒醉失态的样子，可是不管别人怎么劝，他始终不动摇，说喝三杯就三杯多半杯都不喝，最后还是我出马，写了一首小诗，本想让他也写一首，他没写，自罚了一杯。有权势有颜值有内涵还懂得尊重女人的男人，真是太难得了。当时在我们几个姐妹眼里，这个唐知州简直太帅了，我们在宴会后回去的路上还开玩笑，打赌看谁最先吃到唐大人这块唐僧肉。

后来，我知道唐大人在台州放了三把火，修文庙、建浮桥、刻《四子》，每件可以说都是民生工程，我对他的崇拜又加了一层。再后来，就是我的顶头上司陈连升组织的玉环岛春游了。我自己也没想到，唐大人会看上我这个营妓，我们虽然年龄相差二十多岁，但彼此相谈甚欢，他谈了他的理想、他的抱负，当然还谈了他对佛学的理解，他说他从秘书省正字也就是从一个小小的校书郎做起，经过二十年努力，奋斗成了一郡之长成了朝廷四品大员，这是多么的励志，他还说他会以台州为新起点再接再厉，向一品二品迈进。你能想象一个成熟有魅力的男人，右手《圆梦经》左手《金刚经》这对一个少女有多大吸引力吗？听他说人生说理想，那是件非常愉悦非常放松的事情，我一边听一边就在幻想：如果我这辈子能陪在他身边，跟他一样经历风雨一样见证彩虹，那该多好！所以那天晚上，当他伸手牵着我一起进他帐篷的时候，我一点都没犹豫，一点都不紧张。

现在想想，自以为阅人无数的我，还是太傻太天真！

怎么啦？唐仲友对你不好吗？

这件事怎么说呢？唐大人和我好上后，表现得非常好，很多事情都主动替我办好了，比如金银首饰，比如房屋田产，我能想到的他办了，有些我没想到的，他也给我办妥了，这让我非常感动，觉得此生没有白活，但我还是对他有点不放心，这还得从我的心病说起。当年我不是因为和谢希孟的事受过伤吗，都说一朝被蛇咬，十年怕井绳，我是一朝受了伤从此怕爱情啊。我怕这已经到手的爱情变成水中月镜中花。

你怎么会有这样的想法啊？

我为什么会为这样的想法，这跟我的身份有关啊，我的身份是什么？是营妓啊，以前，我没碰到让我心动的男人，破罐了破摔，现在不一样了，我有了心爱的男人重新有了爱情和人生理想，我要从良我要与唐大人白头偕老，但我营妓的身份不改变，我的这一切希望都将成幻影，因为按大宋的法律规定，营妓只能陪官员喝喝酒唱唱歌，不能与官员同居更不能嫁人。要想与官员同居或要想嫁人，必须得脱籍。

独居永康

说起脱籍的事，我就一肚子火，我跟唐大人是去年春天就好上的，到现在一年半过去了，脱籍的事还没办清楚。

你跟他提过吗？

提过啊，我不仅跟他提过还跟他闹过。刚好上不久，我就跟他说，我们这样私混在一起可不好，我倒没什么，反正一个营妓，处罚我也还是一个营妓，可你唐大人不一样，你是朝廷四品大员，如果被人告发，那可不是闹着玩的，大宋对官员狎妓留宿是有严厉处罚的，“知法犯法”严重的还要革职查办。唐大人一听，点头说好，让我放心，他会把这件事放在心上，等时机一成熟就给我脱籍。

唐大人答应给我脱籍，我一听，很高兴。可是过了几个月，我见还没给我办脱籍，就再次提起脱籍的事。没想到我一说，唐大人顿时不高兴起来，翻身坐在床上不言语，我跟他久了知道他的脾气，他这人一有心事，就喜欢坐在那一动不动，旁人最好不要去扰他，扰他免不了一顿臭骂。我不想触这个霉头，自然不敢再说什么。

去年冬天的一个早上，唐大人突然让人跑到我的房里通知我，叫我赶紧收拾东西随他离开台州到婺州永康县他一个亲戚家躲藏一段时间，我问为什么，来人说，有人向上级举报了唐大人说他狎妓，上级要派人来查。唐大人说，只要我离开，查无对证，他就有办法把这件事摆平。我一听，连忙收拾了一些衣服细软，跟着来人到了婺州，后来才知道，来人叫高宣教，是唐大人的一个表弟。我在婺州人生地不熟，举目无亲，百无聊赖地度过了一个冬天。我长这么大以来，在我印象里这是最漫长的一个冬天。我把对唐大人的思念变成一首首相思词，写了一张又一张，我把它贴在墙上，用它装饰我临时的家。剩下大部分时间，就只能站在窗前看着屋外的景物，我看着院里那棵柿树枯叶飞又看着它吐新芽。

就在我快要坚持不住的时候，终于等来了接我回台州的高宣教。高宣教看着我满屋的相思词，很感动！他说，像他这样的浪荡子弟，早就不相信爱情啦，但见到我对他表哥唐仲友的爱，他又相信了爱情，他说他的表哥好福气，有我这样的痴情女子爱着，这辈子没白活！

好一首《卜算子》

回到台州，我又和唐大人过起了同居生活，一季严冬的相思，化作了无尽的绵绵情话。唐大人说，自从我离开后，他也很想我，也很想到永康看我，但公务繁忙走不开，我相信了他的话。我天真地认为，我用真情对他，他肯定也真心对我。

当晚我和唐大人聊天聊到深夜。接下来的一段日子，我本想再跟他提脱籍的事，但我见唐大人公务繁多，总是一副心绪不宁的样子，不忍心再去烦他，所以就一直拖着。

记得是今年五月十六日，正值仲夏之夜，圆月高挂，唐大人老家来了一位尊贵的亲戚，据说是她的弟媳王氏，唐大人的弟弟唐仲温英年早逝，留下孤儿寡母，唐大人作为唐家的顶梁柱，主动担起了照顾弟媳母子二人的责任。这个王氏长得一般，但听说有个哥哥很厉害，是一人之下万人之上的王淮宰相。唐大人可能是为了弥补让我独自在永康受苦的亏欠，特意邀我参加他的这次家宴。我不好意思去，唐大人说，他已经给家人说过，他收了一个苦命的归正人作干女儿，他要我以干女儿的身份去他家。

宴会很热闹，唐大人一大家子再加上他的一些姻亲，坐了好几桌。唐大人让我和他一起坐主桌，旁边是他的夫人何氏。何氏对我的真实身份应该是知道的，因为他的几个儿子跟我的几个姐妹混在一起，我和唐大人的事，他的儿子们应该或多或少会告知他们的娘，但这个女人并没有找我的麻烦，甚至当我叫他干娘的时候，她居然亲切地答应了。我不知道何氏是好面子不愿给唐大人丢脸还是她真的内心无所谓让另一个女人来分享自己的男人。

能参加唐大人的家宴，我感到很满足。宴席上，唐大人说，今儿个真高兴，有三大喜事要宣布，一喜是弟媳王氏回娘家探亲现在平安回到了台州，二喜是自己认了我这个干女儿，三喜是刚刚得到消息，朝廷过段时间要调他到江西去任江西提刑了。他说台州这个鬼地方，连年干旱，他终于可以离开，太好了！

在宴席上，唐大人的表弟高宣教为了助兴，主动填了一首词叫《卜算子》。他说这首词是专门填给唐大人听的。词的内容我记得很清楚：

不是爱风尘，似被前缘误，花落花开自有时，总赖东君主。

去又如何去，住又如何住，若得山花插满头，休问奴归处。

——《卜算子》

我一听，顿时不知如何是好，因为我知道，这首词就是写我和唐大人的事。好你个高宣教，你凭什么借我的口吻写词，当时我有些生气，但后来一想，又心存感激，高宣教是借家宴这个机会，好好帮我一把，他要借这首词告诉他表哥唐大人：你不能再这样拖拖拉拉啦，人家严姑娘是把一生都托付给了你，你得替人家负责，赶紧帮人家把脱籍的事办了。人家严姑娘是真心对你，你可不能耍人家小姑娘。

我注意到，唐大人听着表弟高宣教填的词，当时脸上红一阵白一阵，一直没有作声。

当天晚上，家宴结束，唐大人送我回家，走在夜深人静的路上，唐大人搂着我的腰，他说听了表弟的词，他心里也不是滋味，他说谁说我不想给你脱籍？谁希望自己心上人的头上顶着个营妓的名号满街走？但脱籍的程序不好走啊，报告怎么写？写我唐仲友看上了营妓严姑娘，我想跟她结婚想把她弄到家里去？如果这样写别人会怎么看我唐仲友？我还怎么在台州混在官场混？这个报告不好写，所以这事，还得慢慢来，从长计议！

我听着唐大人的话，心中原本有的怨气，被他一说，全没了，反倒替他担心起来，担心自己的名声妨碍了唐大人的前程。

第十六章　唐氏梦想

人家是一人吃饱，全家不饿，而唐仲友不一样，他是一人干活，全家挥霍。唐仲友一家子可以说基本上都是出身富贵人家，从小到大过惯了锦衣玉食的生活，从来没有勤俭的概念，吃要吃最好穿要穿最好玩也要玩最好。坐吃山空，再多的家底也经不起一伙人折腾啊。很快，唐府账房先生老蔡找到唐仲友反映情况，说再这样下去，两个月后，唐府将无法正常运转啦。

唐仲友问：我不是每月都划拨500贯钱到账房吗？怎么用得这么快，老蔡啊，你查查，是不是哪儿算错啦？

老蔡：唐大人，我反复核算过好多遍，从我这里支出的每笔钱都有账可查，错不了！

老蔡说着便把账本递给了唐仲友，唐仲友接过查看。查着查着，脸色变了。

唐仲友：老蔡，这几个月为什么几个兔崽子一个比一个支的钱多？

老蔡支吾着：他们也没细说，恐怕是支钱去做生意了吧？

唐仲友：做屁个生意，我那几个儿子我还不知道？除了吃喝玩乐，其他没有一样行！这群兔崽子，就没一个让我省心，全是酒囊饭袋！

上梁不正下梁歪

龙生龙凤生凤，老鼠的儿子会打洞。这句古语在唐仲友的儿子们身上失效了，唐仲友是个学霸型人才，可他的几个儿子，没一个在学术上有造诣，他的大儿子唐士俊人称唐大少，二儿子唐士特人称唐二少，三儿子唐士济人称唐三少。这三货，都不是好东西，一个比一个浑蛋。

按唐仲友自己的话说就是，没有一个遗传他的优良基因。其实，他说得不对，在做学问和混官场方面，这三货确实没有遗传他的基因，但在泡妞、做坏事方面，却是一个比一个学得好。唐仲友宠伎乐司的头牌严蕊严姑娘，大儿子唐士俊就宠伎乐司的二号美女王静王姑娘，二儿子三儿子一见急了，再不下手，漂亮妹妹就要被爹爹和大哥宠完了，不行，自己也得赶紧宠一个，于是，唐二少宠了严蕊的弟子朱妙，唐三少宠了王静的弟子张婵。伎乐司里另外一些容貌才艺稍逊的姐妹，虽然没有享受专宠，但也不时得到唐家父子的雨露之情。

宠妹子很烧银子，唐仲友父子四人，分别宠了伎乐司的四个妹子，每月得烧多少银子没人知道，反正是个不小的数字，不然，凭唐仲友这段时间的超常规运作，每月三五千贯的收入。这么多钱唐府仍然出现资金吃紧撑不下去的局面，有人说这是唐府人口多，但人口再多，60 万的开销也不至于撑不下去啊！

虎父生了几个犬子，这让唐仲友很郁闷，看到这几个儿子，唐仲友就有狠狠抽自己嘴巴子的冲动：老子上辈子造了什么孽，怎么就生了这几个讨债的窝囊废！他心中一直有个担忧，担心自己哪天没官当了或突然出意外了，这几个兔崽子怎么撑起这个家？如何才能续写老唐家一门四进士的荣耀？

挪取储备金

自古以来，国人的风险意识一直是很强的。为什么会得出这样的结论呢，一个重要依据就是老百姓的收入与存款的比率，这个比率中国人比世界上任何一个国家的数字都大。比如，都是赚 1000 块钱，有的国家老百姓是全花光，有的国家老百姓会存 100 块花 900 块，但中国的老百姓不一样，花 500 块存 500 块甚至有花 300 块存 700 块，存起来干嘛呢？因为大家担心，怕急需用钱的时候没钱用，所以赚到钱马上想到的就是存起来，有的人是存在银行，有的人是直接现金存柜子。这笔钱不管存哪里，作用就一个，以备不时之需。这种钱老百姓把它叫救急钱，官方叫储备金。

一个州郡跟一个家庭一样，一般都备有一定数量的储备金。尤其是农耕社会，风调雨顺那是运气，旱涝交替才是常态，碰上小灾小难，老百姓咬咬牙挺一挺就过去了；可若碰上大灾大难，就需要州郡甚至需要朝廷出手赈济才能渡过难关。这时，储备金就要拿出来派上用场了。

台州这些年来，连遭旱灾，从 1170 年到 1181 年的 11 年里，几乎每年境内都有县市或大或小遭灾。台州以前是富庶之地，历史以来，积少成多，留下的储备金还是比较充裕的，前些年虽然遭灾，但范围不大灾情也不太严重，每年由州府拨出三五万贯钱，老百姓勒紧裤腰带挺一挺也就渡过难关了。几年下来，虽然动用了几次储备金，但也还剩有近十万贯的钱存在府库专门的柜子里。

唐仲友的前任跟唐仲友办理交接手续的时候，特意提到这笔钱，他交代唐仲友，兄弟，这些年台州运气有点背，连年旱灾老百姓已经疲惫不堪了，万一再来点大的灾难百姓肯定撑不住，府库里的这点备用银子，你作为一郡之长千万千万要看好啦，碰到大灾之年，它可是台州几十万百姓最后的救命钱啊！

唐仲友点头称是，说你放心，我就是典卖我老婆嫁妆都不会动这笔钱。正因为答应过前任，所以在他新官上任第三把“火”烧不下去的时候，也没动用府库里这笔近十万贯储备金。

现在，被几个浑蛋儿子折腾得没钱了，眼看唐府无法正常运转了，这可怎么办？唐仲友想起了府库里的储备金。

兔子急了也咬人，急于要钱的唐仲友打起了储备金的主意。

储备金是专款专用的，要动用它，必须得层层审批，正儿八经地动用，肯定行不通，不说别的，仅高文虎那一关就过不了。不能明拿，那就暗取。唐仲友找来公使库监姚舜卿和公使库衙役马澄，三人坐在小房间里密谋了几次，巧立了些名目，把钱从府库里支取出来了，用竹篓装着，并在上面盖了些鱼鲞，然后运到城外破败的关帝庙内，当着关帝的面分了这笔储备金，唐仲友拿了大头，姚舜卿和马澄分了小头。

对于上司唐仲友的这一操作，姚舜卿和马澄有些担心，毕竟这是储备金，是台州老百姓最后的救命钱。唐仲友后台硬关系网大，犯再大的错都有人保，姚舜卿和马澄什么后台都没有，这事弄不好就得掉脑袋。

姚舜卿和马澄看着唐仲友：唐大人，您说话可得算数啊，万一事发，您可得救我们啊！

唐仲友伸出两手，一手按着一人的肩膀安慰道：你俩就放心吧，现在我们仨就是一根藤上的蚂蚱，是利益共同体了，如有什么事我能不管你们吗？再说了，我们这次拿钱，只是挪用一段时间而已，我拿它去做买卖，等赚了钱，你们再帮我神不知鬼不觉地把钱还回去，你我不说，谁也不知道，对不对！

姚舜卿和马澄一听，忙问做啥买卖，唐仲友说，他已看好了几个项目，第一个是开鱼鲞铺卖海鲜，第二个是开彩帛铺卖服装，第三个呢就是扩大书坊搞文化。并拍着胸脯告诉姚、马二人，这几个项目做好了，一年赚十万贯不成问题。

姚舜卿和马澄听了很感兴趣，表示也想入股做项目：唐大人带带我们呗！

唐仲友拍着二人的肩膀：没问题啊，我们是什么，我们是利益共同体啊！

姚舜卿：唐大人，既然这样，我看这个钱也不用分了，大家一起交给您拿去做买卖，你占八股，我和马澄兄弟一人占一股，你看如何。

唐仲友点头同意。

分赃很顺利，合作很愉快。唐仲友叫来三个儿子和自己的管家，再加上衙役马澄，让他们连夜用马车把钱运到金华，筹措开店事宜。

很快，一伙人就用一个个装鱼鲞的竹笼装着近十万贯的钱运到了唐仲友的老家婺州金华。一贯按最低 200 元人民币计算，十万贯就是 2000 万元人民币。有了这么多钱，唐仲友决定在金华搞个大集团，名字就叫唐氏商庄，唐仲友自己不出面，让三个儿子来经营，主营三大块：鱼鲞业、彩帛业、印刷出版业。

一亏到底

有钱好办事，一个月不到，唐氏商庄旗下的餐饮、服装、文化三大产业同时开业。开业那天场面很隆重，规模很宏大。唐仲友也从台州赶回了，并让陈连升带来了伎乐司的几个文艺骨干，吹拉弹唱，热热闹闹的。婺州主要官员纷纷前来祝贺，称赞唐家虎父无犬子，老子从政儿经商，都是婺州的杰出人才。唐仲友听了，很受用！

父子携手，兄弟齐心，肯定能把买卖做大做强，大家是这么想的，唐仲友也是这么想的。冲出金华、冲出婺州、闻名整个大宋，唐仲友梦想着这一天快点到来！

唐仲友给三个儿子进行了明确分工：老大唐士俊当法人代表兼管彩帛服务铺，老二唐士特任财务总监兼管鱼鲞海鲜铺，老三唐士济当总经理兼管书坊业务。

唐仲友希望三兄弟拿出点拼闯精神来，搞创业竞赛。夜深人静，他把三兄弟叫到屋里训话：你们知道咱做买卖的钱哪儿来的吗？是老子把台州储备金挪取出来的，储备金知道吗？那是台州老百姓的保命钱，你们都给老子好好整，只许成功，不许失败！

三儿子唐士济小声问道：爹，万一失败了怎么办？

唐仲友飞起一脚：踢你狗日的，你们失败了，老子不仅官位不保，还有可能脑袋不保！

三个儿子听了，不敢作声了。

知子莫若父，唐仲友看着三个儿子，心中有种不祥的预感：这三货要把事情搞砸！但如果不用这三个混蛋，身边又没有更适合的人！

唐仲友叹了口气，轻轻地挥了挥手：罢了罢了，你们都给我好好干，给老子争口气，回去吧！

三人听了，一齐给唐仲友鞠躬：只许成功，不许失败，请爹放心！

唐仲友看着三人的背影，自语道：放心个屁，老子为你们操碎了心！

第十七章　铤而走险

唐仲友的预感很灵，半年不到，三个儿子负责的三个产业均以亏本关门收场。唐仲友气得在家里跺脚，指着三个儿子大骂：老子生了三头猪，一个两个三个，比猪都不如！

唐仲友老婆何氏在内室听不下去了，跑出来劝道：相公，你就少说两句嘛，孩子不是还年轻吗？失败乃成功之母！

唐仲友对着夫人咆哮道：老子还成功他爹呢，都是你，从小惯着宠着，现在好了，宠成了一个个废物、草包！

唐夫人：亏就亏了，就当给孩子们练练手，以后再赚回来！

唐仲友一屁股跌坐在藤椅上，喃喃自语：赚不回来喽！

强催租税

唐仲友知道，这次是捅了大娄子，必须得想办法在短时间内把这十万贯的钱补上，如果被查出来，那就是丢乌纱掉脑袋的事！怎么在短时间内捞钱？唐仲友把自己关在屋子里，不吃不喝，冥思苦想，几十年来，他是一路打拼过来，他相信一句话：天无绝人之路！

很快，唐仲友就找到了破解之法。这些年，浙东一带不是连年遭灾吗，朝廷出台了不少蠲除税租、禁止苛扰的减免政策。尤其是朱子作为出任浙东提举以来，接二连三地向朝廷向圣上奏请救灾赈粜、减赋蠲税，为灾民申请到了一项又一项的减免政策。

从朱子递向朝廷递向皇帝的奏请，我们可以看到他那颗为国为民之心。朱子希望通过自己的嘴和笔，求朝廷把一条条套在灾民脖子上的绳索暂时松一松。朝廷对于朱子的这些奏请，虽然很不耐烦，但还是尽可能地给予了答应。台州作为重灾区，是朝廷关注的重点，减免各种租税的惠民政策非常多。

在古代，信息不发达，朝廷的很多政策，老百姓根本不知道，淳熙八年（1181 年），台州一些辖区旱涝交替，朝廷出台了很多的减免租税的政策，但唐仲友没把它当作一回事，到了 1182 年还有不少减免租税的文件积压在手中，没签发出去。

唐仲友看着一叠的减免租税文件，突然灵光一闪：填补储备金的窟窿就靠你啦！朝廷不收租，我唐仲友来收！

唐仲友把减免租税的文件叠好，锁进了抽屉。

唐仲友叫来师爷：你连夜给我拟发有关催收夏税、秋税的告示，对了还有丁税，不仅要交今年的，去年欠的也要一并催来！

师爷提醒：大人，这些税朝廷不是已下文蠲减免收了吗？那些文件都是我收了亲手交给您的，您忘啦？

唐仲友看着师爷：免个屁，一点小灾小难就蠲减免收，我们州衙怎么维持？交税纳粮，是每个大宋子民应尽的义务，都是这个朱熹，动不动就要求朝廷免这免那，我看他是居心不良，从不替朝廷分忧替圣上解愁！台州是我唐仲友说了算，我说要收就得收！

师爷见唐仲友发火，不敢再说什么，连忙告退，回去拟催租催税的告示了。

告示拟好了，唐仲友组建征收行动队，自己亲任队长，下设若干小队，每队配备衙役数名，委派酷吏当小队长，然后分组行动，一个小组派驻一县，这些人直接听唐仲友指挥向唐仲友负责。

唐仲友要求台州下辖各县必须在六月下旬完成夏税征收，于是，一场鸡飞狗跳的强征暴掠开始了。衙役们凶神恶煞地在凋敝的村庄横冲直撞，打骂声、求饶声、哭喊声响遍台州的山野村庄。为躲避催租逼税，不少村民是整村出逃，走上了流民之路。天台县知县赵公植催缴夏税不力，唐仲友抓他做典型，派人把赵公植从天台县捉押到台州州衙监狱关起来作人质，勒令天台的官员和百姓，要他们十日内必须将夏税交齐，哪天交齐就哪天放了他们的县令。

抓县令作人质，强迫老百姓交税，这是唐仲友在中国税务史上的创新之举，古今中外，前无古人，后无来者！

由于连年旱灾，台州的老百姓实在是太穷了，就是把他们的县令抓来作人质，有的县仍然无法按时缴清税收，补齐十万贯储备金的窟窿还差一大截，而朱子巡视台州的消息是越传越近。唐仲友心急如焚，把州府里的官吏和衙役统统赶到了“征收一线”收钱。

收不齐租税，你们就不要回来，这是唐仲友给征税队员们下的死命令！

一着险棋

站在空无一人的州衙内，唐仲友坐立不安。他要在朱子到达台州前，把自己这一年多快两年时间里没擦干净的“屁股”好好擦干净，尤其是要补齐亏空和挪用的储备金，他知道，这个如果被朱子抓住，那就不是闹着玩的。

正在唐仲友无计可施之时，一个人从州衙前走过，看到他，唐仲友眼前一亮。

唐仲友快步下楼，追上前去叫住了那人。

唐仲友：蒋辉！

蒋辉回头，一看是唐仲友，吓了一跳。

蒋辉：唐大人您好！

唐仲友：你一个人在州衙里转来转去干什么？

蒋辉：没干什么，小人想找姚库监领点钱，这段时间书坊不是没开工吗，没钱吃饭啦，想预支点钱！

唐仲友：来来来，到我办公室来，我有点事想找你谈谈！

蒋辉睁大眼睛看着唐仲友：什么事？

唐仲友：急什么？年轻人，到我办公室边喝茶边说！

很快，蒋辉随唐仲友进入办公室，唐仲友把门轻轻掩上，然后开始烧水泡茶。蒋辉跟唐仲友认识已有一年多，两人都是来自婺州算是老乡，以前刻《四子》期间，唐仲友也经常到书坊走走，与蒋辉有过几次单独谈话，但唐仲友在蒋辉眼里，始终是一副不苟言笑难以接近的样子。

看着唐仲友烧水泡茶，蒋辉有些紧张，他看了看窗外：难道今天太阳是从西边升起来的？

唐仲友泡好茶，倒了一杯递给蒋辉：来，喝一杯西湖龙井茶，这可是上好的明前茶，这还是以前在京城的一个同事特意给我寄来的！好喝吧？

蒋辉连连点头：好喝好喝，小人长这么大，还是第一次喝这么好的茶啊！

唐仲友看着蒋辉：没事啊，以后，你可以常来我办公室喝茶，对了，小蒋，我问你个事。

蒋辉看着唐仲友：唐大人，什么事？

唐仲友向蒋辉靠了靠：听说你以前印过会子？

蒋辉一听，顿时紧张起来，睁大眼睛看着唐仲友：唐大人，我……我……

唐仲友伸手拍了拍蒋辉的肩膀：没事没事，我就是随便问问。

蒋辉心想：唐大人，你开国际玩笑哦，这种事情有随便问的吗？你吓我一大跳！

蒋辉刚平复了一下心情，唐仲友又问道：再让你印会子，你敢印不？

蒋辉又惊恐地看着唐仲友：唐大人，我，我，我不敢啦，我再也不敢啦！

唐仲友又拍了拍蒋辉的肩膀：没事没事，我随便问问。

蒋辉看着唐仲友，唐大人，我求您了，您别再随便问了，您这茶我不喝了，我走还不成吗？

唐仲友看着蒋辉：我想请你帮我做件事？

蒋辉胆怯地看着唐仲友：唐大人，什么事？小人我没文化，只怕做不好。

唐仲友盯着蒋辉的眼睛：我相信你，你一定能做好！

蒋辉：什么事，唐大人您说，只要小人我力所能及，我一定帮您做！

唐仲友：我要你帮我刻板子，印会子！

蒋辉一听，惊得站了起来。

唐仲友一把拉他坐下：看把你吓的！

蒋辉胆怯地看着唐仲友，小声拒绝道：唐大人，这个，这个，小人真不敢！

唐仲友盯着蒋辉脸上的金印：这有什么敢不敢的，你脸上不是已经有个金印了吗？还怕什么？况且这次还是我叫你印的，有我呢，你怕什么！

蒋辉为难地看着唐仲友：这个，这个，小人当年发过誓，再也不干印假钞的事了，再干就剁手！

唐仲友：剁什么手呀？我让你印你就印，有什么事，我给你担着！

蒋辉：这，这……

唐仲友打断他的话：不要再这这这了，就这么定了！

蒋辉：唐大人，真不行啊，小人一个人完不成的，我只会刻，不会印。

唐仲友：当年你是怎么完成的？

蒋辉：回唐大人，当年，我还有一个同伙，不，同事，我俩一起完成的。

唐仲友：谁？

蒋辉：叶老八！

唐仲友：知道他在哪儿吗？

蒋辉点点头。

唐仲友：知道他在哪儿就好办，我马上就让人把他找来！

唐仲友边说边拍了拍蒋辉：你们只管刻只管印，其他事就不要问不要说，我双倍工钱付你们！

蒋辉一身是汗地离开了唐仲友办公室，他对眼前这个外表冷峻的老乡，更加捉摸不透了，只感觉在他身上有种令人恐怖的东西存在！

第十八章　远走高飞

再说严蕊严姑娘，到台州回到了唐仲友身边后，孤独寂寞冷的心重新温暖快乐起来了。永康那段清苦的日子，让严蕊明白了一个道理，那就是不管你跟了谁，如果自己手里没有钱，都是一场空。

很快，严蕊开始有动作了。第一步，她不断催促唐仲友落实脱籍事宜，被严蕊一催，唐仲友开动脑子，终于想到了为严蕊脱籍的理由：年老色衰，不适合再干营妓这一行了。

脱籍不成

理由有了，唐仲友很快就写完了严蕊的脱籍报告，让严蕊拿着报告，先递给她的直接主管官员陈连升，然后一层一层上报，报告转一圈，最后回到唐仲友手上，他签完字，这件事就算办妥了。

严蕊把报告递给了陈连升，当年没有电脑打字也没有复印机，唐仲友的手写宋体字，台州官员们都很熟悉，陈连升一看，是台州老大的字，当场就签字同意，然后层层上递。可当这份脱籍报告传到通判高文虎手上时，高通判有了想法。

高文虎，字炳如，学识不错，曾编修过《四朝国史》《高宗实录》《徽宗玉牒》等史书。高文虎与唐仲友的弟弟唐仲义同为绍兴三十年（1160年）进士，但他在仕途上远比唐仲义爬得快。1180年时，唐仲义还在江西乐平县当个小小的主簿时，高文虎已经是台州通判了。通判是个什么官职呢？是宋朝廷为加强力量控制地方政府，在各州、府设置的一个官衔，主要工作是辅佐知州或知府处理政务，相当于“副知州”“副知府”。但凡兵民、钱谷、户口、赋役、狱讼等州府公事，必有通判与知州一同署名方能生效，而且他手上还有监察官吏之权，是兼行政与监察于一身的中央派驻官吏，也号称“监州”，简单说，就是上面派来的“管官的官”。

高文虎已经在台州当通判一段时间了，当时的知州是沈揆，后来沈揆离开台州到京城临安任职了，台州城里城外都风传高文虎要提任知州。对于这事，高文虎当然很期待，身在官场，谁不想当一把手过过瘾？面对知州的位置，高文虎难免不心痒痒，可是，没想到半路杀出个程咬金，唐仲友的到来，成功扼杀了高文虎当台州一把手的美梦。

所以，高文虎对唐仲友是心怀怨恨的，但高文虎又是个心有城府的人，当他发现无法改变事实时，他选择了隐忍和配合，所以，当唐仲友一到台州，他就张罗着为他接风洗尘办酒席。

前任知州沈揆是位诗人，很才子很温和的那种，这种性格也让高文虎在台州通判任上感觉不错，做起事来，很有成就感。但是，唐仲友跟沈揆不一样，是个冷冰冰不苟言笑的新上司，而且做事专断独行，这让高文虎有些受不了……

配合一年多来，两人的矛盾日渐加深，虽然没有正式爆发，但也到了水火难容的地步。所以，当他一眼看出严蕊递上来的脱籍报告是唐仲友所写时，心中不免打起了小九九：唐大人，你想给老相好严姑娘脱籍，你想让你的风流合法化，你想得挺美的，但我不同意！

这样一来，严蕊的脱籍报告就在高通判手上卡住了。唐仲友也知道报告就在高文虎手上，却又不好意思去追问，所以严蕊的脱籍问题一直拖在那儿。

包揽诉讼

就在等待脱籍期间，严蕊开始了她的第二步行动：利用自己和唐仲友的特殊关系，包揽诉讼，从中渔利。临海县有个叫徐新的人，在台州公使库酒坊任职，相当于现在的国有贸易公司总经理。以前生意好油水多，这些年碰到灾荒生意不好做，徐新这个总经理当得很憋气，于是他想换个工作，可是，台州公使库不同意换。怎么办？徐新这人很灵活，他知道严蕊和唐大人的关系，于是决定曲线求圆（援）找严蕊试试。一天，他带着一百贯钱和几只银盏来到严蕊住处。

徐新开门见山：严姑娘，我想托您办点事！

严蕊：什么事？

徐新：我想请您给唐大人说说，我不想再在酒坊干了，想请唐大人给有关部门打声招呼，给我换个岗位锻炼锻炼？

严蕊以前没干过这种事啊，她也不知道如何拒绝。

严蕊：这样啊，那给唐大人说一下，试试看吧，成不成不知道哦。

徐新：谢谢，谢谢严姑娘！

徐新边说边拿出一百贯钱和几只银盏递给严蕊。

严蕊心想：不就一句话的事吗？怎么能要别人的钱呢？

于是伸出双手拒绝：不可不可，我给唐大人说说就是！

徐新坚持要送：严姑娘，您一定得收下，这是我的一点小心意，不管事成与不成，我都对您心存感激！

严蕊拗不过徐新，只好收下钱和银盏。

晚上，见到唐仲友后，严蕊就把徐新托自己找唐仲友帮忙调岗位的事说了，并指了指外面桌上徐新送来的几只银盏，说这就是徐新送的东西。唐仲友远远一望，感觉银盏制作精美，也算贵重之物，就爽快地答应了严蕊。

唐仲友：我说什么要紧事啊，原来是这么个小事，没问题，你回他话，就说我答应了，下个月就给他调整工作！我看这几个银盏还不错，一并赏你啦！

严蕊：谢唐大人，您对我真好！

通过徐新的事，严蕊发现，原来生活中，除了辛苦流汗赚钱，皮肉卖笑赚钱，说话也可以赚钱。唐大人的一句话，就让她赚了一百贯和几只精美的银盏，这可是一户普通人家一年都赚不到的收入啊。

一回生二回熟，识人是这样，办事也是这样。有了第一次经历后，严蕊再碰到找她办事的人，慢慢就能应付自如，收礼也收得得心应手起来了。

一次有个叫杨准的小官员，和台州城里一名官妓打得火热，竟然把她带回家里私藏多日，这按当时的官员纪律和法律都不允许的，抓住了那是要量刑坐牢的。杨准因这事被人告发了，吓得不轻，躲在家里不敢出来，还是跟他相好的那个官妓厉害，她拿出三百贯钱找到严蕊，请他在唐大人面前说情，请求免罪。都是同行姐妹嘛，严蕊二话不说当场就带着这个姐妹一起去找唐仲友，唐仲友也很给面子，没有为难这个姐妹，同意赦免杨准的罪。

从某种角度来看，在唐仲友贪腐的道路上，严蕊起到了推波助澜的作用。没有严蕊，唐仲友可能堕落的不会这么深，至少堕落的速度不会这么快！

朱提举要来了

自从朱子开展赈灾巡视以来，唐仲友一直有一种不祥预感，这几个月来，朱子在绍兴、金华、衢州，惩贪治庸雷厉风行，被朱子批评、警告、弹劾过的官员，已有数十人之多。很多贪官、庸吏闻风而惧，纷纷收敛了坑民的恶行，变得老实起来。

> 每出，皆乘单车，屏徒众，所历虽广，而人不知。郡县官吏惮其风采，仓皇惊惧，常若使者压其境，至有自引去者，由于所肃然。
>
> ——黄榦《朱文公行状》节选

对于朱子，唐仲友没有见过，但这些年来，不时听到有关他的传闻，听说过他创新的社仓法在南康军很受欢迎，学术圈也有不少朋友在传朱子的“存天理灭人欲”之说，尤其是最近几个月，有关朱子的传闻更是不绝于耳，全都是他任浙东提举以来弹劾地方官员的。唐仲友对朱子的印象就是，这个人很犟很有战斗力，是个难对付的角色。他也知道，朱子来台州巡视是早晚的事。但他心中又一直怀有侥幸，希望朱子能迟一些最好是中秋过后才到台州。为什么希望中秋后到呢？因为，他想利用这段时间，通过加紧催租催税和其他一切筹钱办法，把台州账面上的窟窿填上，尤其是把储备金的洞补上。

账是一个问题，还有一个问题是女人。台州唐大人跟官妓严姑娘乱搞男女关系的事，现在是整个台州尽人皆知，而严蕊的脱籍手续还在高文虎手上压着，高文虎不签字，脱籍就完不成，两人就仍然是非法同居。台州知州狎妓，这传到京城临安，不仅自己脸上挂不住，而且还有可能受到朝廷的严肃处理。所以如何安顿严蕊严姑娘也是唐仲友一直伤脑筋的问题。

朱子要来了，严蕊不宜再待在台州了。这事怎么告诉严蕊呢?唐仲友有些为难，因为自从上次把严蕊放到永康几个月，严蕊就抱着他哭诉过好几回，她说再也不离开他了，而自己也答应过严蕊，无论如何也不会让她再受那种苦了。

但事已至此，不说不行了。

一日，唐仲友来了，严蕊发现，他一副心不在焉的样子。事情有蹊跷，肯定有原因。

严蕊：唐大人您怎么啦?是不是我哪儿做得不好，惹您生气啦?

唐仲友摇了摇头。

严蕊：那就是工作上有事难着您啦，说来听听，看我能不能帮您分忧?

唐仲友：不是工作上的事，而是蕊蕊你啊，你可让我为难啦!

严蕊不解地看着唐仲友：唐大人，我可听您的话啦，您叫我少去街上逛我就没出去逛了，您叫我多学点文化，我就把您编的《四子》搬了一套放床边，我都看完其中的《扬子》和《荀子》啦!

唐仲友看着严蕊：蕊蕊啊，不是你不好，是我对不起你啊!

严蕊看着唐仲友：唐大人您可千万别这样说，您对我很好啊，让我过上了夫人般的生活，您这样对我，我已经感到心满意足啦!

唐仲友长长地吁了口气：可是，可是，我又得让你离开台州，到我老家金华或你娘家黄岩躲一段时间啦!

严蕊一听，从床上忽地坐了起来，嘟着嘴：我不去!

唐仲友听了，没有吱声，严蕊低头看着唐仲友：唐大人，为什么？您曾亲口答应过我，不再让我受离别孤独之苦的啊！

唐仲友点了点头：是的，我是答应过你，可我这样安排也是万不得已啊！提举朱熹就要来台州巡视啦！

严蕊：朱熹？就是那个写“问渠能得清如许，为有源头活水来”的朱熹？

唐仲友点点头：对，就是他，他可不仅会写诗，还会整人啊！

严蕊：不会吧，读过圣贤书的人，也会整人？

唐仲友点了点头：古往今来，最会整人的就是这些读过圣贤书的人啦，贩夫走卒之间有矛盾，不过是当街对骂或搂抱扭打罢了，可文人之间有了仇隙，那可是以言杀人以笔杀人，凶着呢。文人相轻，你听说过吗？刀刀致命杀人不见血啊！

严蕊摇了摇头：我只知道，干我们皮肉生意这一行才相轻，没想到你们文化人也相轻啊！

唐仲友：朱熹就看不起我的学术我的思想，总认为他推崇的洛阳二程才是理学正宗，要让天下人都听他的。

严蕊：真没想到朱熹是这样一个人啊！

唐仲友：此人脑袋太阳穴下有七颗黑痣，一看就不是个好人！据说他还有些变态，夫人走得早，心里受过打击，他见不得别人恩爱，凡是恩爱之人，他一定想方设法整你！

严蕊听了说道：这样看来，朱熹着实有些可恶，如果他真来台州的话，肯定容不下你我啊！

唐仲友：那还不是，所以啊，我才想出在他还没来之前，让你先离开台州躲藏一段时间，免得生出事端！

严蕊看着唐仲友：他是提举，你是知州，跟你一样大的官，怕他干什么？

唐仲友伸出手指点了一下严蕊的额头：小丫头就是小丫头，你懂什么？现在朱熹头上顶着什么知道吗？顶着浙东提举的帽子，调查起人来六亲不认，来浙东一年不到，就弹劾了大大小小几十个官员！

严蕊：朱熹这么拽呀！

唐仲友不屑地道：拽什么拽呀，只不过是拿着鸡毛当令箭，现在像疯狗一样，逮住谁就咬谁！

严蕊睁大眼睛看着唐仲友：朱熹这么坏，那您可不能让他逮住了哦！

唐仲友：是啊，所以我才要你赶紧离开台州躲起来，你在我身边，他知道你我如此恩爱，必然对我下重手啊！

严蕊想了想，点头同意道：好吧，我听您的，我回黄岩娘家躲起来，你说我什么时候动身好呢？

唐仲友感激地看着严蕊：蕊蕊啊，你真是一个深明大义的姑娘，我今生一定不会亏了你的，这样吧，越早越好，你明天就动身，！

第二天，严蕊出发了，要带的行李太多，一辆马车装不下，唐仲友派人从府库借调一辆马车前来装运，并让表弟高宣教护送，把严蕊送出台州前往数百里外的娘家黄岩。

看着远去的马车，唐仲友心中也是万分不舍，对严蕊越思念，对朱熹便越仇恨！

唐仲友站在路口，狠狠地唾了口痰：朱熹，我祝你坐车摔死过河淹死，我让你这辈子都来不了台州！

但唐仲友的愿望很快就落空了，朱子在七月中旬就动身前往台州，七月二十三日，便出现在了台州州衙门口。

唐仲友暗暗叫苦：朱熹，你来得也忒快了吧！

朱子到了台州，第一天就向唐仲友催要账簿，这是要唐仲友的命啊，所以唐仲友无论如何也不肯把账簿交出来，他幻想与朱熹拉拉关系。不怕你朱熹讲原则，就怕你朱熹没爱好！唐仲友听说朱熹平时有藏书的习惯，所以他决定深夜亲自送《四子》，摸摸朱熹的脉，看看朱熹喜好什么，如果喜欢钱，那就送官会，要多少给多少，如果喜欢妹子，就让伎乐司的姑娘们上，给朱熹提供最好的服务。

经过几天的交锋，唐仲友发现朱熹是个特殊材料做的人，油盐不进，这让他很郁闷，更让他郁闷的是，朱熹竟然根据草稿上的名单线索，派人缉拿严蕊，几经周折，司理院的衙役还真在黄岩找到了严蕊，并收押进了大牢。

眼见心爱的女人被抓入狱，作为一州之长的自己，却无能为力，这让唐仲友既恨又怕。

第十九章　妄造官会

朱子站在驿馆前的树下沉思着，从到浙东提举司上任以来，自己先后两次巡历浙东，前前后后弹劾过的官员，加起来已有五十余人，大半年过去了，却没有一个官员真正受到朝廷的处罚。

朱子很郁闷，心想：圣上，你不是在延和殿亲口答应过我，说只要我举报，你就帮我收拾他吗？我举报了这么多人，为什么你一个都没收拾，你这是逗我玩啊！

惆怅之余，朱子想起前几天审蒋辉的事，当时蒋辉正要交代，刚好黄榦运书回来，自己要突审唐士彪，因而中断了对蒋辉的审问。现在，终于有时间了，朱子决定把蒋辉提来再审，很快，蒋辉被带来了。

蒋辉一见到朱子，便扑通跪地大哭起来：朱大人啊，我还以为你不管我了呢，你可得救我啊！

朱子伸手扶起蒋辉，对他说道：你要我救你，首先你得让我知道事情的真相啊，不然，我怎么救你呢？

蒋辉：好好，朱大人，你坐着，容小人一五一十给您说来。

蒋辉说：朱大人啊，以前您每次审问我，我都说不认识唐仲友，那全是骗您的，因为我不敢说啊，我一说，我自己没命，还会害了我老娘。

朱子：哦？怎么会害你老娘呢？

蒋辉继续说道，当年自己因为一时糊涂被叶老八忽悠，一起干下了天大坏事，幸好得到韩大人从轻发落，刺配台州酒坊酿酒，后来又得到沈大人赏识，做了书坊的刻字工，再后来就是唐大人到了台州，他主持刻印《四子》，见我刻字功底好，又与他是同乡，就让我做了小班头，不仅工资比以前高了许多，还给我配了单人间。我把唐大人当贵人看待，凡是他交代的事，我都认认真真完成。几个月后，我就带着班组人员把唐大人指定的《四子》保质保量完成了，唐大人看了很满意，决定还要接着开工下一个雕版项目，后来，听说是府库里财政吃紧，唐大人只好暂时停工。书坊解散了其他刻工和印工，但唐大人交代，不让我走，让我在书坊留守，没事做就没工资怎么办？唐大人还为此特意交代公使库官员，在我留守期间，不管干没干事，都按刻《四子》时的待遇给我发薪水，我一听心想，唐大人对我可真不赖。

朱子：后来呢？你就一直这样留守在台州书坊吗？

蒋辉：没有，这期间，唐大人还让我帮忙，带着几个人用装鱼鲞的竹篓帮他到府库里运钱。听同去的一个叫马澄的衙役说，这是台州的储备金，好像有十万贯。

朱子：这些钱运到什么地方去了？

蒋辉：我们把钱运到了城外的关帝庙，唐大人就让我和几个衙役先走了，后来这笔钱到了哪里我也不知道。我继续在书坊留守混日子，记得大约是过了三四个月，也就是到了今年的五月份左右吧，一天，唐大人突然叫住我，要我帮他做一件事。我问他什么事，他没直接说，而是客气地把我请进办公室，又是烧水又是泡茶的，最后我才知道，他要我给他刻印会子！

朱子：你同意啦？

蒋辉：这是犯法掉脑袋的事，我吃过一次亏，自然不肯啊，唐大人就说，反正我脸上已有金印了，想重新做人是不可能的了，而且这次跟上次不同，这次是替他干活，天大的事他都能摆平。我当时仍然不肯，他就说，可以在城郊给我置办一套房子购数亩田地，让我把老娘接到台州定居。朱大人，您也知道，像我们这些山区出来的人，有房有屋有点田，这就是我一生的梦想啊。我心想：人生能有几回搏？干吧，唐大人平时待我不薄，相信他不会害我。

密室开工

印会子造假币是个技术性很强的活，我一个人完不成，必须得找人配合。唐大人问我想找谁，我说最好叶老八啊，这个人跟我一样印过假钞，熟门熟路，唐大人说没问题，要我把叶老八的地址给他，果然，几天后，我就见到了叶老八，他肩上戴着枷被衙役押到了台州。当年叶老八跟我一起印假币，我被抓后，他躲起来了。唐大人就以叶老八曾经印假币为由，把他抓到台州审问。到了台州，唐仲友并没有把他关进牢里，而是带到了自己府里后院的一个地下室。唐大人亲自审问，叶老八心想，这辈子玩完了，没有辩解，很快就招供画了押。

但让叶老八没想到的是，唐仲友拿了他的供词后，并没有把他送到牢里，相反，而是让人备了一桌酒席送到地下室，叶老八一见，这是上路酒啊，吓得腿都软了。不是说死刑必须送刑部审核吗？不是说秋后才问斩的吗？唐大人你得按规矩办事，不能一审问完就送我上路啊？

唐大人亲自给叶老八解了枷，请他入座，叶老八吓得哆嗦着不肯入席。

唐大人上前扶着叶老八入了席：叶小弟呀，不要怕，我请你来这里，是想和你商量件事！

叶老八一听，更不敢动了，因为他听一些社会上的闲杂人等说过，有人治病用人血或心肝做药引，所以一些死刑犯早早就被人预定啦，叶老八一听唐大人要跟他商量事情，认为唐大人要取他器官做药引，吓得扑通一声跪在地上。

叶老八不停地叩头：唐大人啊你就饶了我吧，不要取我心肝啊！

唐大人扶起叶老八：谁说我要取你心肝啦？来来来，看把你吓的，先让你见一个故人，压压惊！

唐大人让人把我带到地下室，叶老八一见到我，满脸惊讶：蒋辉，你怎么也在这里？

唐大人让我和叶老八坐下吃饭，菜过五味酒过三巡，唐大人开门见山地告诉叶老八，要他配合我造假钞。刚开始，叶老八有些不愿意，唐大人掏出叶老八的供词告诉他，如他乖乖完成这次任务，他就把这这份供词烧掉保叶老八没事，如果完不成任务，就依法收监把他关起来，唐大人让叶老八作选择，叶老八脑子没进水，当然选前者。

唐大人给我们的任务是：一个半月内印出五万贯假钞，我和叶老八一听，吓呆了，五万贯，简直就是个天文数字，上次我俩自己偷印也才印了一两千贯就吓得半死，差点掉了脑袋。但唐大人叫我们印，我们不敢不印，多做事少说话加班加点干就是了，而且，唐大人还真把我娘接到了台州。我知道，他这样做，一是安慰我，二是更好地管控我！

于是，这个地下室就成了我和叶老八的临时工作室，我们列出了造假钞所需要的所有材料，唐大人很快就准备好了，我和叶老八就这样在暗无天日的地下室开工了。

半夜出逃

为了早日印出会子，唐大人专门派了个姓金的老太婆照顾我们的起居饮食，同时又让金老太婆的儿子小金子负责采买联络。唐大人找来大面额的官会样品，并运来多块梨木板交给我，让我照着样钞用心雕刻。我加班加点用了近十天，终于雕刻完成了会子模板，请唐大人前来验视，他在叶老八的指导下，亲手印下了第一道，印完拿到灯下一看，油墨有些不均，我让叶老八添补刷均后再印，这次印出来的东西，可以说跟样钞相差无几，比我第一次造假做出来的会子真多了，盖上印后，不是专业人士根本辨别不出来。造假币迈出实质性的一步，这让唐大人很高兴，又让人做了好酒菜送到地下室，说要犒劳我和叶老八。

那天晚上，唐大人真高兴，喝了很多酒说了很多话，他说他这辈子最成功的事就是做官，从一个小小的校书郎做到了一郡之首，光宗耀祖为唐家争了光长了脸；最开心的事是认识了一个姓严的姑娘，这姑娘是天下最好的红颜知己；最失败的事就是生了三个草包儿子，一个比一个坑爹。他说，总有一天，他要死在这几个儿子手上。说到伤心处，唐大人竟趴在桌上像个孩子似的嘤嘤地抽泣了起来，我和叶老八连忙放下酒杯，一左一右站在他身旁，轻轻地拍着唐大人的背。

叶老八安慰唐大人道：儿孙自有儿孙福，莫为儿孙作马牛!

唐大人抬起头道：可我已经被他们套上了枷戴上了套啊，你们知道我为什么找你们来造假币吗，就是因为这几个狗日的草包，把十万贯的储备金败光了啊，让他们做买卖，他们哥几个倒好，把办公室设在怡红楼里，批评他们，他们还不服，说那里人来人往能结识五湖四海的人，是做买卖的好地方！我是英雄一世糊涂一时啊，怎么会把那么大的买卖交到三个龟儿子手上，我后悔啊，马上朱熹就要来台州巡视了，储备金的事如果被查到，自己就死定啦！

唐大人说得那是情真意切，我听着都替他难受！我们答应唐大人，请他放心，我们一定加班加点，尽快把所需的假币印出来，帮他渡过难关。唐大人听了，很感动，张开双臂抱着我和叶老八，我和叶老八都莫名其妙地有种感觉，此时的唐大人就像我们的爹，我们三个人就这样搂抱着在昏暗的地下室里又哭又笑。真是不可思议，一个四品大员竟会和两个造假币的罪犯如此和谐地抱在一起！

经过近两个月的加班加点，我和叶老八共为唐大人印出二千六百余道的会子，算起来也有好几万贯啦！我们估摸着再干个十来天，应该就能完成任务了。可是，就在这个关键时刻，地下室暴露了！暴露的原因，我只知道个大概，听说是金婆婆的儿子小金子在外面驾马车赶路时翻了车折了腿，唐仲友没法子，找了个衙役来替工。您到台州后，唐大人见您找这个衙役谈了几次话，这个衙役跟您走得近，唐大人担心他被您给策反后说出地下室的事，于是通知我和叶老八马上停工，把印好的假币全部用油纸包好，埋在了他前院的一棵老桂花树下，然后又把印刷工具和材料捣毁做了柴烧。

唐大人先是让我和叶老八藏在唐府，后来仍不放心，给了我们一笔钱，叫我们连夜跳墙逃走，逃走前，唐大人叮嘱我们，要我们走得远远的，等过了风声再来找他，他不会亏待我们，他说他会照顾好我老娘，但如果我们被抓住了，无论如何都不能供出有关他的事情，否则他就把我的老娘扔进死牢。这也是我以前为什么一直不肯承认认识唐大人的原因！

记得那天夜晚，我和叶老八趁着天黑，爬墙而逃。我比较瘦叶老八比较胖，所以叶老八先用肩膀把我顶上墙，我们说好，等我到了墙那边，然后用绳子拖叶老八上墙。可是没想到，我一翻身下墙，就被朱大人您安排的人给摁住了。

朱子听了问道：那叶老八呢？

蒋辉：当时叶老八在墙那边听到动静，撒腿就逃回唐府躲起来了。朱大人啊，我什么事都跟您讲了，您得答应我一件事啊！

朱子看着蒋辉：什么事？

蒋辉：我刻印假币，你抓我判我就是了，但如果唐大人，不，唐仲友真把我娘关进死牢的话，朱大人您一定得把我娘放出来啊！

朱子点头道：你放心，我答应你！

蒋辉朝朱子九十度弯腰，深深地鞠了一躬。

至此，唐仲友被起底了，他在台州的所有罪行，朱子都掌握在手啦。

唐仲友，你罪恶滔天，十恶不赦，我定要叫你难逃法网！

八月八日晚，朱子让黄榦铺好纸笔，奋笔疾书，写下了六劾唐仲友的第四劾。朱子的第一劾是 300 多字，第二劾是 700 多字，第三劾是 5200 多字，第四劾达到了 6600 多字。这一劾不仅字数多，火力也比较猛。

> ……仲友最近被侍御史举荐，他结交近臣，以至臣三次弹劾跨越两旬都未达天听。仲友上欺君，下虐民，借朝廷行赏权柄肆无忌惮，敛财收货，娱悦妇人。臣冒死奏闻，望陛下催促有司紧急处理，毋稍观望，唯其如此，才能稍纾神人之共愤。……
>
> ——朱熹《按唐仲友第四状》节选

在这一劾的开头，朱子直接告诉陛下，有朝中大臣包庇唐仲友阻拦自己查案，所以“致臣三奏，跨涉两旬，未奉进止”。为了陛下看奏劾时一目了然，朱子还把唐仲友干过的坏事列了个单子，大大小小一共有 24 条之多，其中多条是大罪重罪，比如狎妓淫乱、伪造官会、盗用储备金等，这些罪行，情节如此严重，而且又是连年旱灾的节骨眼上，完全可以判死刑砍脑袋。

第二十章　夫人支招

事情发展到这一步，唐仲友慌了。他知道朱子已经掌握了自己的所有罪证，内心极度恐惧，他把自己关在家里，让人反锁了大门，他还不放心，又让人在里面用顶木顶住。唐仲友担心朱子随时带人来敲门抓他，他躲在府里，坐卧不安，茶不喝，饭不吃。

夫人何氏：你一天到晚，在屋子里走来走去干什么？像关在笼里的猩猩，你烦不烦啊？

唐仲友：老子能出去吗？那个朱熹就在州衙里等着我，见我一次问一次账簿！

何氏：你给他不就得了吗？

唐仲友盯了何氏一眼：你一个妇道人家懂什么？我给他账簿？我活得不耐烦了！账簿一交出去，老子就没命回来！

何氏一听，吓得不敢言语。

何氏想了想，说道：这样也不是办法啊，你在家躲得了初一躲得了十五吗？

唐仲友：那你说怎么办？

何氏：我陪你去临安找我姑姑和姑父吧，求他帮帮你，让朱大人别咬住你不放了！

唐仲友想了想：也只能这样啦！

私会宰相

唐仲友带着妻子何氏出发了，为了不被人发现，两口子单车简从，只带了一个心腹驾车，三人连夜赶往临安。

进了宰相府，何氏到内堂拜见姑姑，唐仲友则在书房等宰相王淮下班。傍晚时分，王淮回来了。唐仲友赶紧小跑着上前，接过王淮手中的公文包，亲热地叫着：姑父，您回来了！

王淮面无表情地点了点头：你怎么到临安来啦？

唐仲友：小英想她姑妈了，小侄专程陪她过来，小侄也想姑父您啊，您举荐小侄到台州任职，还没来得及感激您啊！

王淮看了一眼唐仲友道：你去台州可不是我举荐的啊！

唐仲友：虽然不是您亲自向圣上举荐，但我知道，是您向吏部尚书授意，让吏部的人举荐的小侄啊，没有您，就没有小侄的今天！

王淮冷笑一声：你有今天，可跟我没有半点关系啊，你自己说说，你在台州都干了什么腌臜事？朱熹可是接连不断地向朝廷递奏折，弹劾你！

王淮指了指抽屉：啰，折子都被我压下来，锁在抽屉里了！

王淮起身开锁，把奏折取了出来堆在桌上。

唐仲友辩解道：姑父啊，您可千万别信朱熹的话啊，他这是小人得志，是拿着鸡毛当令箭，他想整小侄呢！

王淮：哦？是他整你？那他奏折里说的那些事都是无中生有、胡编乱造出来的喽？

唐仲友支吾着：这个……这个……

王淮沉着脸：不要这个那个的了，我就问你，朱熹说的哪些事，有还是没有？

唐仲友低着头，不言语。

王淮继续问道：朱熹说，你与营妓严蕊有私情，公款租院子狎妓，是不是真的？

唐仲友点了点头，承认了。

王淮：他说你用竹篓偷运储备金，是不是真的？

唐仲友：是！

王淮再问：造假钞呢，印了吗？

唐仲友：印了！

王淮抓起桌上的奏劾掷向唐仲友：娘希匹，你就等着圣上抓你砍脑袋吧！

王淮向来以性格温和，行事稳健著称于朝廷，如果不是气极，定然不会骂出“娘希匹”这句江浙的乡间俗骂！

在大家印象里，王淮大人一遇大事就喜欢找老婆商量，好像是个耙耳朵男人，其实大家错了，王淮很多时候也跟朱熹一样，是个敢作敢为敢跟人死磕的主。我们先来看几个这方面的例子，在王淮还没当上宰相之前，他做过监察御史，监察御史是干什么的？是专门找官员毛病、弹劾官员的官。王淮在当监察御史的时候，因为看不惯当时的官场习气，提笔就给高宗皇帝上书，他说：大臣养尊处优，下级官吏保持禄位，他们以搜刮为才智，以退出政坛相标榜。臣请陛下正心以正朝廷，正朝廷以正百官。

能跟皇帝这样说话，这份胆量和勇气，翻遍史书，可能都找不出几个。再来看王淮对比他官大很多的上司是什么态度，他是该批评批评该弹劾弹劾，当时的宰相是汤思退，王淮觉得他在其位不谋其政，于是他又上书高宗皇帝，列举了汤宰相的数十条罪过，汤思退因此被罢免，吏部侍郎沈介欺世盗名，都司方师尹阴险狡诈，大将刘宝搜刮民财，交结权贵，王淮不管你文的还是武的，对他们一个都不放过，一一予以弹劾，使这些人全部被罢职。这说明什么？这说明在反腐倡廉、整顿官吏方面，王淮跟朱子一样也是一个狠角色，甚至可以说他也是一个反腐斗士。

另外，王淮还有一点值得后人称道，那就是他跟辛弃疾、张栻、朱子、陆游等人一样，力主抗金，是朝廷中的主战派。

面对犯了大错的唐仲友，作为一个反腐斗士，作为百官之首，王淮宰相会如何处理呢？

王淮选择了痛骂。

按道理，这不是王淮的性格，他应该跟朱子一样，把唐仲友往死里劾甚至亲手送上断头台才对，但这次，让大家失望了，王淮没有跟朱子站在一边，而是选择了和稀泥，甚至是帮着唐仲友来对付朱子。

为什么？因为亲情！

其一，唐仲友的夫人是王淮夫人的侄女，姑侄二人向来感情好，杀了唐仲友或把他送进监狱，夫人的侄女将成寡妇或守活寡；其二，王淮的亲妹妹嫁给了唐仲友的亲弟弟唐仲温，而唐仲温死得早留下孤儿寡母，一直由唐仲友照顾，唐仲友走到哪里就把她们带到哪里，这份情，王淮不能不认！

所以，王淮把唐仲友骂了个狗血淋头。

唐仲友扑通一声跪在了王淮面前：姑父啊，你可要保小侄啊！

王淮盯着唐仲友厉声道：你在台州做尽坏事，要我如何保你！

王淮弯腰捡起散开的奏劾状：朱熹列了你二十四条罪状，你知道吗，好几条都是死罪！

唐仲友痛哭道：姑父救我！

王淮指着奏劾道：这些罪状一旦查实，你有几个脑袋都不够圣上砍，你叫我如何救你！

唐仲友跪着上前抱住王淮的腿：姑父，你得救我啊，你不答应小侄就不起来！

王淮此时六十出头，唐仲友是四十五岁，王淮被一个这么大人像孩子耍赖式地抱着腿，一时不知怎么办。

王淮被弄得没办法，仰着头，狠狠地呼了口气，缓缓说道：你整这事我是真没辙了，你去找你姑吧，如果她都没法子救你，你就等死吧！

拜见夫人

王夫人何氏，王淮的智多星。何氏对王淮来说，就如王弗对苏轼。据传苏轼当年在家乡成都眉山读书时，与老师王方的女儿王弗一起长大，两人青梅竹马，16 岁的王弗嫁给了 19 岁的苏轼。王弗聪慧机敏，苏轼读书时，王弗喜欢陪伴左右，“红袖添香夜读书”让苏轼有一种满满的幸福，更让苏轼惊喜的是，王弗天生有识人之术，苏轼接待客人时，王弗经常在帘子后面倾听，从言语中判断一个人的品质，是否可靠、是否值得交往，十分精准。而苏轼这人心直口快，在官场上容易得罪人，王弗经常为他操心，帮他分析事情，提出处理方案。这样的奇女子，哪个男人不把她当宝？可惜天妒红颜，嫁给苏轼十一年后，年仅二十七岁的王弗因病去世。苏轼痛彻心扉、肝肠寸断，以至于过了十年，他仍然对王弗念念不忘，写下了闻名天下的悼亡词《江城子》。

十年生死两茫茫，不思量，自难忘。千里孤坟，无处话凄凉。纵使相逢应不识，尘满面，鬓如霜。

夜来幽梦忽还乡，小轩窗，正梳妆。相顾无言，惟有泪千行。料得年年肠断处，明月夜，短松冈。

——苏轼《江城子》

跟苏轼一样，王淮对夫人何氏也是疼爱有加，言听计从。不管是生活小事还是君国大事，遇到疑难，都是第一时间向夫人请教。

王淮领着唐仲友来到内室，此时，姑侄二人相谈正欢。唐仲友见到王夫人，倒头便拜：姑姑好！

王夫人示意王淮：相公，快，把与正扶起来啊！

与正是唐仲友的字，唐仲友与她侄女成亲后，王夫人一直称唐仲友为与正。王淮听了夫人的的话，伸手扶起唐仲友。

唐夫人伸手碰了碰唐仲友：相公，你就一五一十地给姑姑说说你在台州干过的事吧。

唐仲友点了点头，把自己在台州的所作所为简略地说了一遍。当着长辈和老婆的面，说到自己和官妓严蕊干过的事时，唐仲友脸上红一阵白一阵，自己都感觉不好意思。

王夫人听完，不紧不慢地说了声：与正啊，我怎么说你好呢，你看你干的这些破事啊，朱熹都给你记着呢，你就好自为之吧！

唐仲友立马哀求道：姑姑救我！

王夫人看了看唐仲友继续说道：朱熹已连递四状，你也看到了，都被你姑父给压住了，但纸是包不住火的，据说京城已经有人在传了，说你贪污、狎妓、造假币，还有盗用储备金，唉，你看你干的好事哟，现在如何收得了场嘞？

唐仲友低头道：求姑姑帮小侄想个万全之策。

王夫人摇了摇头：这些天我已把这件事翻来覆去地想了好几回，哪怕诸葛再世也无法为你想出万全之策啦！你就好自为之吧！

唐仲友一听，不对劲，这是要放弃我啊，不行，你们得救救我。于是，他又扑通一声跪倒在地，边叩头边哭诉着，说自己母亲年迈，不能白发人送黑发人，说兄弟仲温死得早，弟媳王氏孤儿寡母需要照顾，如果自己有个三长两短，她们以后该如何生活啊！

说到动情处，那是声泪俱下。王淮在旁听了，想到妹妹孤儿寡母的艰辛，也是伤心不已。

王淮看着夫人，从旁求情道：夫人，看在仲友这些年照顾妹妹王氏份上，你就再想想办法吧！

王夫人没有言语，坐在桌旁沉思着。

过了半晌，王夫人缓缓说道：与正啊，这件事，你想全身而退，我看可能性不大了！

唐仲友连忙说道：只要能留得一条活命，小侄便感激不尽！

王夫人看着唐仲友：那倒不至于！

王夫人开始分析案情：与正啊，朱熹已连上四道奏劾，而且已抓住了众多涉案人员，你想把你的罪行瞒住，那是不可能的事了！

唐仲友害怕地看着王夫人：姑姑啊，如果不瞒住，圣上知道我盗用十万贯储备金和造假币的事，肯定杀我头啊！

王夫人：与正啊，你先别着急，先听我说，这件事圣上迟早都会知道，与其被动被人揭发，不如主动交代！

唐仲友惊恐地看着王夫人：姑姑啊，您是说要小侄到圣上那儿去坦白，我不去，我一去肯定就有去无回啊！

王夫人笑道：哪个让你去圣上那儿坦白哟？我是想，第一步，让你姑父把朱熹告你的第一状尽快交给圣上，第一状我看了，没有什么实质上的罪行，不过是一些道听途说，朱熹告你赈灾不积极、不体恤灾民罢了，这不是什么大罪；第二步，你今晚连夜就回台州，到了台州马上写一篇自辩状，五百里加急送到朝廷，就说你与朱大人因学术之争早就心存芥蒂，而你在台州期间，主持修文庙、建浮桥、刻四子，政绩显著，引起朱大人嫉妒，这次朱大人到台州巡视，你又因公务繁忙没有到城门迎接，以致怠慢了他，这让朱大人很不满，所以处处找你麻烦。他道听途说，四处收集证据，一心想置你于死地！只要圣上相信朱熹跟你有仇，你就安全啦！接下来，我和你姑父再见机行事，为你开脱！

唐仲友听了，倒头就拜：谢谢姑姑，谢谢姑姑救我一命，小侄以后做牛做马，愿为姑姑姑父鞍前马后！

王夫人起身扶起唐仲友：与正啊，说哪里话呢，都是一家人，一家人啊！

唐仲友和夫人何氏匆匆扒了几口饭，然后告别王淮和王夫人，连夜赶回台州！回到家里，顾不得歇息，唐仲友让夫人赶紧磨墨，自己按姑姑说的意思，提笔写起了自辩状。

写完，五百里加急送往临安！

“争秀才气尔”

在短短不到二十天的时间里，朱子就密集地向朝廷递交了四道弹劾唐仲友的奏折，如此火力猛烈的弹劾一个四品大员，这在南宋建立以来还是第一次。伴随着从台州传来的各种传言，朝中士大夫们也是议论纷纷，以至于孝宗皇帝赵昚也知道了这件事。

赵昚对这件事很关注，为什么？因为朱子是他亲自委任的赈灾大臣，是到浙东帮他灭火的消防队长，而唐仲友是当年在秘书省里重点培养了多年，然后又到地方上锻炼了几年的官员，是朝廷凤毛麟角的储备人才。

这两人怎么杠上了？赵昚想知道原因。

于是，赵昚找来宰相王淮问话。

王淮早有准备，一见到陛下赵昚，马上掏出朱子的第一状和唐仲友五百里加急送来的自辩状，把两样东西一并递给了孝宗赵昚。

赵昚接过，一看日期，朱子的弹劾状是七月十九日就寄出的，快二十天过去了。不对呀，王淮，你搞什么鬼，看样子你是早就知道朱熹和唐仲友两人杠上的事，你好大的胆子，竟敢不早点来向我汇报，你眼中还有没有我这个皇帝！

赵昚有些生气地说道：王爱卿啊，朱熹的这个状子你收到有些日子了吧？

王淮点了点头：回陛下，快半个月了！

赵昚看了王淮一眼：既然收到这么久了，你怎么不跟我吱一声？

王淮：回陛下，臣当时收到奏折，一看是朱大人寄出来的弹劾，想必事关重大，但看了弹劾的内容后发现有些不对，折子上全是些朱大人在去台州路上听闻的事，道听途说居多，我想，朱大人还没进城了解核实，仅凭听闻就弹劾一个四品大员，有些不妥，所以就先把折子压了压，并去信唐知州，了解情况，陛下，您看，这就是唐与正的回信。

赵昚听了，先是打开朱子的奏折认真看了一遍，没有作声，然后又打开唐仲友的自辩状看了起来。朱子的第一状很短，300 字不到，唐仲友的自辩状很长，好几千字。赵昚在看自辩状，王淮在一旁恭敬地候着。

赵昚终于看完了，长长地吁了口气，没有表态，而是抬头看着恭立一旁的王淮。

赵昚：王爱卿，你怎么看这件事？

王淮轻轻一笑，对赵昚说出了五个字：争秀才气尔！

赵昚一听，来了兴趣：说来听听。

王淮：陛下，据臣了解，朱熹继承的是洛阳二程之学，而唐仲友推崇的是苏轼之学，两人所学不同，各持已见，都是书生意气，不识大体，我觉得这不过是两秀才争闲气罢了，不是什么大事，所以就没及时向陛下您汇报。

王淮此招看似风轻云淡，实则用心良苦，甚至可以说是用心险恶。为什么？要知道，当时陛下赵昚喜好佛老玄说，讨厌道学清议，所以很喜欢苏学而贬抑程学。

自己喜欢的东西，也希望别人喜欢，自己讨厌的东西，也希望别人讨厌，这是人之常情，赵昚是皇帝，但也是人，所以，他听王淮这么一说，对朱子的印象一下就打了折扣。

赵昚：朱熹这样做，好像是有点不够大气哦！

王淮：是的，臣也是这样觉得！

爱屋及乌，喜欢一处房屋，连上面站的乌鸦都喜欢，恨一个人呢，不仅恨他一个，连他祖宗十八代都会连带恨上。孝宗赵昚对朱子产生不好印象后，马上就想起他的诸多不是来。

赵昚：朱夫子向来刻薄，记得去年秋冬时在延和殿上，对朕也是一番指责！

王淮：那还不是，几个月前，还写信来骂我呢！

赵昚对朱子怎么骂宰相很感兴趣，于是问道：如何骂你的？

王淮：他说我在宰相位上，只会干两件事，一件是阿谀奉承陛下您，第二件是说我官官相护讨好百官，还说他看不惯现在的朝廷风气，早就想撂挑子不在浙东干啦！

赵昚一听很生气：他不想干就换人，你是宰相，你有权提建议！

听了孝宗的话，王淮心中有底了。

孝宗的态度决定了王淮的思路，如果说一开始王淮还对朱子针对唐仲友的奏劾有所忌惮的话，而现在他是一点顾虑都没有啦！

王淮向赵昚告退，回府的路上，心情很愉快，哼起了江浙乡间小调。这是自他收到朱子的《上宰相书》后，心情第一次这么舒坦。

朱熹，你给我消停点，不消停，小心我收拾你！

第二十一章　疯狂反扑

回到相府，王淮给唐仲友写了一封信，告诉他圣上对朱熹的态度，并在信的末尾处加了一段话，意思是据目前情况来看，圣上已经对朱熹产生了不好印象，觉得是朱熹在故意找你的茬，凡是朱熹劾奏你的事，圣上都会在心里打个问号了，但现在你也不能麻痹大意，朱熹告你，按理来说，你要反抗，这样才符合常理，所以，接下来，你可以采取一些针对朱熹的行动，至于怎么行动，不要我来教你了吧？

唐仲友是个学霸型人才，聪明得很，一看宰相王淮的来信，马上明白了，姑父您这是要我在台州整事啊！

唐仲友马上回信：姑父，你在京城坐稳了，看侄女婿的！

烧毁账簿

在台州，唐仲友最怕的一件事就是朱子查账，而朱子到了台州第一件事还真就是找他要账簿。现在王淮要他在台州整事，那好，第一件事就从账簿整起吧。

从朱子七月二十三到台州开始，天天派人向唐仲友催要账簿，唐仲友总是以各种借口搪塞。那么账簿到底在哪呢？就在唐仲友家他弟媳妇王氏的床底下！有人问，为什么要把这个账簿放到王氏的床底下而不放在自己床底下？你知道唐仲友的弟媳妇是谁吗？当今宰相王淮的亲妹妹！

唐仲友知道，一旦自己和朱熹撕破了脸，唐府被朱熹派人搜查是迟早的事，而自己和朱熹的较量，账簿是关键所在。只要你朱熹没拿到台州账簿，你说我唐某人贪污我打死不承认，你没有账簿查不了账，你说我贪污我说我清白，没证据的事，到圣上那儿我也敢和你朱熹打官司。

唐仲友虽然胆大妄为，但在没明确朝廷和孝宗态度前，他不敢撕毁或烧毁账簿，他只能把账簿藏匿起来，藏哪儿呢？先是想藏自己床下，但他知道朱熹这人查起案来，六亲不认，万一把他房间翻个底朝天怎么办？自己床下不能放，放哪里好呢，放弟媳妇床下最安全，一来她是女人，又是孤儿寡母，你朱熹好意思去动一个寡妇的床吗？二来这个寡妇不是一般寡妇，她可是当朝宰相王淮的亲妹妹，朱熹你动她试试？

唐仲友让姚舜卿把账簿拿来后，亲自来到弟媳妇王氏房中，向王氏说明了用意，王氏因为丈夫去世后就一直在唐仲友家，吃人嘴软，只好掀开床板，让唐仲友把一大摞账簿塞进了床板下。

虽然是亲手放的，唐仲友仍然不放心，总怀疑放进去的不是账簿，总担心哪天这些账簿会突然出现在朱熹的办公桌上。所以，账簿，成了唐仲友的一块心病。

只要东西还存在于世上，那就没有绝对秘密可言，唯一最安全的办法，那就是让东西消失，不管是人还是物，让他在地球上消失，这就绝对安全了。

收到姑父王淮的信后，唐仲友心中有了底，决定让台州账簿在世上消失，于是，又来到弟媳房中，向她说明了缘由。

王氏：大哥，我想放在我床底下没事的，真的要烧了吗？烧成了灰就再也回不来了哦！

唐仲友：烧！

王氏见唐仲友态度如此坚决，不好再说什么，只好又让唐仲友掀起床板，看着他把账簿一本本抠出来。

全部抠完，唐仲友和夫人何氏，一人抱一叠账簿从王氏屋里出来，回到自家房间。唐仲友屏退其他人员，自己和夫人蹲在小煤炉旁，亲手把一本本账簿撕碎后扔进火炉，看着它冒烟、起火、化为灰烬！

唐仲友用铁筷子拨弄着火灰，得意地说着：朱熹，我看你怎么查账？你到天上去查吧！

夫人何氏是个实诚人，没有多少幽默细胞，看着唐仲友问道：相公，怎么去天上查啊？上不去啊！

唐仲友看着夫人笑道：夫人你真可爱，要到天上查，当然得是等到死后喽！

夫人：哦！

大肆造谣

唐仲友在台州整的第二件事，就是散布谣言。造谣需要天赋，在这方面，唐仲友不算有天赋的人，而王淮的夫人何氏是造谣界的高手。唐仲友的自辩状其实就是一篇谣言集。唐仲友搞学术论文可以，创造谣言不行，他的自辩状全靠姑姑何氏的专业指导，这才最终完成。

唐仲友造谣能力不强，但学习能力强，经过姑姑何氏的一番点拨，也有了一些造谣心得。他明白，造谣的目的就是用一个弥天大谎来发起舆论攻势，从而让人陷入被动。在姑姑的指点下，唐仲友已经造了个谣，以自辩状的形式，点对点发给了圣上，现在，他决定再把这个谣言润色一下，然后群发到朋友圈包括学术朋友圈和官场朋友圈。

经过改编润色，更符合了大众心里，这个谣言最终版是这样的：唐仲友平时恃才傲物，不大瞧得起朱熹的学问，陈亮是著名的爱国词人和学者，是朱熹的朋友，而陈亮与唐仲友又有姻亲关系，有一次，陈亮游历到台州，看中了一个台州官妓，就托唐仲友替她脱籍，唐仲友当时答应了，后来在一次宴会上，唐仲友对那名官妓说，你果真要跟陈大官人去永康吗，真的要跟他混的话，你就得做好忍饥挨饿的准备哦，那名官妓听了，这才知道陈亮已经家道中落是个穷光蛋了，所以非常失望，后来陈亮再找这个官妓的时候，她就再也不像以前那样热情接待了。陈亮听说是唐仲友出卖了自己，一气之下离开台州，跑去绍兴见朱熹，言谈之中提及唐仲友。朱熹就问陈亮，你在台州期间，唐大人有没有提起过我啊。陈亮说，提到了你了，他说你朱熹连字都不认识几个，怎么能够当浙东提举呢，而且对你那套什么“存天理、灭人欲”的理论很反感，说是歪嘴理论。朱熹听了，就对唐仲友怀恨在心，于是，就以浙东提举的身份，借口台州有冤案，表面上是到台州巡视，其实是想找唐仲友的麻烦，而到的那一天，正好唐仲友因要事耽搁，迎接朱熹稍晚了一步，朱熹更加觉得唐仲友看不起自己，于是就百般刁难唐仲友，并根据道听途说，四处收集唐仲友的罪行，接二连三地弹劾唐仲友，想置唐仲友于死地。

世界上什么东西跑得最快，有人说是飞机，有人说是火箭，答案都不对，在这世上，谣言最快。唐仲友编造的这个谣言很快就传遍台州，然后又从台州传到了京城临安。唐仲友和朱熹当时都是焦点人物，一下子，整个学术圈、同僚圈都在议论朱熹和唐仲友的八卦。

除此之外，唐仲友还造了一个谣，他说朱熹作为浙东提举，做事非常过分，在调查他的过程中，无所不用其极，自己的弟弟英年早逝，弟媳王氏跟随自己生活，可是朱熹在调查自己时连寡妇都不放过，搜查她的轿子和屋子，害得王氏心脏病发作，差点没抢救过来。唐仲友的原文是这样说的："搜捉轿担，惊怖弟妇王氏，心疾甚危。"这个差点被朱熹吓死的寡妇是谁呀？是当朝宰相王淮的亲妹妹啊！你说当哥哥的听到这个事，心里能好受吗？能对朱熹有好感吗？

中国人有个观念，凡是碰到两个人吵架或打架，第一印象就是一个巴掌拍不响，肯定两个人都有不对的地方。再加上宰相王淮在官员中煽风点火，谣言很快发酵了。

一群不明真相的人纷纷议论了：朱熹你当了提举，就这样搞学术对手唐仲友，你这样干不地道啊！朱熹你得解释解释，你为什么这样干？朱熹，你也忒不地道啦，人家是为朋友两肋插刀，你却是插朋友两刀。

朱子很被动，朱子很无奈，只好见人就解释，我没有搞唐仲友，我说的每一件事都是事实啊，不信，我拿证据给你看！针对朱子的解释，一些人信了，一些人不信，更多人半信半疑！

结 网 公 关

面对朱子接二连三的弹劾，唐仲友怎么可能束手就擒呢，朱子和唐仲友一个在明一个在暗，当朱子在台州忙着查账、忙着审理相关犯人、忙着收集各种罪证的时候，唐仲友也在悄悄地行动着，这个工于心计、善于利用各种关系的唐知州正在实施着一整套的反击计划。当朱子要用各种罪证将他置于死地时，一张要把朱子拉进深渊的大网也悄然张开。

唐仲友的关系网到底有多大呢？一起来看看。首先，唐仲友是正规的学院派出身，通过科举考试踏入仕途的，在古代，都兴认师门。官员初次见面，一般都会问，你是哪一年考的进士？有人说我是某某年考的，咦，我们是同科进士啊，又有人年龄相差可能很大，但一问，你当年恩科考试主考官是谁，说是谁谁谁，咦，我们是同一个主考官，我们是同门啊。要知道在朝廷里，也就那么三五个德高且望重的人轮流当主考，所以，天下官员，基本上不是同科就是同门。

另外，利用姻亲关系组建关系网，也是唐仲友非常重视的。前面已经讲过，唐仲友的夫人和王淮的夫人是姑侄关系，都出自义乌的大族何家，而王淮的妹妹又是唐仲友二弟唐仲温的夫人，也就是说王唐两家是姻亲，这在宗法社会里很重要。唐仲友的二嫂又是义乌的名门何茂宏的大女儿，而这位名门大小姐的三个哥哥都与唐仲友兄弟沆瀣一气，唐仲友的大儿子唐士俊娶是曹宣教的女儿，而曹宣教又是台州临海县丞曹格的堂兄。朝中那些纷纷举荐唐仲友的大臣，都同这些人有或近或远的关系。政治权力的网络，越复杂就越结实，越复杂就越牢不可破。

上面是唐仲友的姻亲政治资本，够雄厚了吧，但唐仲友觉得还不够，还要培植自己的私党。怎么培植？几十年为官经历，让唐仲友在这方面很有一套。来到台州后，他就精心编织了一张“三权交易”的网络，所谓“三权交易”就是权权交易，权钱交易，权色交色。在不受约束的情况之下，金钱纷至沓来，权力有了金钱的保驾护航，美色便如影随形，美色不仅满足自己的肉欲和填补精神空虚，还能带来金钱和同伙，从而巩固自己的权力。唐仲友到了台州，很快就把台州财政和司法两块领域搞定了，如掌管户籍赋税仓库交纳等事务的赵善德，公使库监姚舜卿等，这些人都成了他的心腹爪牙。其次是把当地富商、大户搞定，你们有钱我有权，各取所需。这样一来，上至州县主要官员下至流氓地痞，到处是唐仲友的心腹爪牙。经过一年多的经营，唐仲友在台州可以说是黑白通吃，姻亲和私党让唐仲友的权力网络固若金汤。正因为有了这些，唐仲友做起坏事来才敢底气十足，飞扬跋扈，气焰嚣张。

这次被朱子盯上了，唐仲友深知罪不容赦，尤其是自己蓄养亡命之徒伪造假钞和盗用十万贯府库储备金的罪行，仅凭这两条就可以让他掉脑袋，所以在惊慌之余，唐仲友开始了绝地反击。怎么反击？当然最好的办法就是兵不血刃了。要兵不血刃，当然得动用尽可能动用的关系。他首先找到了姑父宰相王淮，让他从中斡旋，然后又通过朋友、同僚，相互托关系打招呼，给朱子出难题使绊子，想方设法孤立朱子，让朱子的弹劾失去应有的效力。

人多力量大，他们通过相互影响，在朱子面前树立了一面威力无比的墙，使朱子打出的每一拳要么被化解得无影无踪，那么被自己的力道反弹得跌坐地上。

“熊孩子”的密谋

唐仲友在使劲地造谣和拉关系的时候，他的三个熊孩子也没闲着，他们听说朱子要对付自己的父亲大人，三人很生气，他们决定对朱子不客气，不客气的方式就是守在朱子出入的路上，好好殴打朱子一顿。

“熊孩子”做事，就是这么简单、直接、暴力！

要殴打朱子，得有装备，不用着急，家里有现成的。唐仲友家里为什么有这样的装备呢？这还得从他在信州工作说起。

信州，现在的江西上饶，与福建的武夷山背靠背，武夷山脉，华东屋脊，在古代，信州一带山高林密，是狩猎的好地方。狩猎是人类最原始的劳动，也是一项最刺激的活动，整个过程充满了紧张、期待、搏杀、收获。从平民到贵族，从山野村夫到一代天子，都喜欢参与这样的刺激活动。从公元前的汉武帝修建上林苑到清康乾打造的避暑山庄，全是玩这狩猎游戏的好地方。唐仲友到了信州，有这么好的天然围场，当然心里也是痒痒的。

唐仲友是个文人，但他也是个男人，是个男人往往就有一个英雄梦。青年时期的唐仲友，曾经满腔热血过，面对金国入侵，28 岁的他还给当时的丞相张浚上书：要求主动出击去打金人，并提出了自己的抗金三策：越淮而战为上策，沿淮而守为中策，夹淮而戍为下策。

唐仲友很崇拜苏轼，对苏轼的那首《江城子出猎·密州》很喜欢，常常把“左牵黄右擎苍，千骑卷平岗”挂在嘴边吟诵，另一个文化牛人辛弃疾他也很喜欢，尤其是喜欢他的《破阵子》。

醉里挑灯看剑，梦回吹角连营。八百里分麾下炙，五十弦翻塞外声。沙场秋点兵。

马作的卢飞快，弓如霹雳弦惊。了却君王天下事，赢得生前身后名。可怜白发生！

——辛弃疾《破阵子·为陈同甫赋壮词以寄》

自己不能亲临抗金前线跟金人真刀真枪地干一场，唐仲友一直很遗憾，到了山区信州，他也想过一把金戈铁马的瘾。怎么办？人员没问题，府里的衙役就可以，衣服不行，兵器不行，总不能自个戴个乌纱帽，在前面骑着马，后面跟一群扛着廷杖的衙役到野外打猎啊，那就请人打造一些兵器、制作一些铠甲吧，于是，唐仲友请工匠制作了十几副精细铁甲，还让人打造了十几套弓弩刀剑。每逢夏秋季节，唐仲友就披坚执锐，带着一帮人在山林里呼啸奔走，打没打到野味不重要，反正过把瘾就行。

后来离开信州到台州，唐仲友请了几十个搬运工，车载肩挑才把家当搬完，这些铠甲兵器，唐仲友舍不得扔，也让人搬到了台州，藏于唐府偏房里。

唐仲友的三个儿子，少年时跟爹到林子里打过猎，知道家里有这些兵器。他们把这些东西找出来，把刀枪磨得锃亮，约定第二天动手。

三兄弟平时没有干过这样的事，心里很害怕，于是头天晚上三个怂货在家里关起门来喝酒壮胆。

三人平时一向骄横无理，经常打骂下人，家里的一些下人对这三兄弟是既恨又怕。三人正喝着酒，一个老仆端着水煮鱼进来了，可能是心里紧张，一不小心撒泼了一些汤汁在唐大少伸出的腿上，唐大少被热汤一烫，大叫一声，跳将起来一脚踢在老仆腰上，老仆当即倒地不起，唐大少还不解气，又是一顿拳脚，最后让老仆爬出了房间。

被毒打后，老仆越想越气，老子跟着你们的爹辛辛苦苦近二十年，没想到还要被你们三个小崽子这样欺负。

老仆气不过，心想：老子拿你仨没办法，老子找朱大人去，我就不相信收拾不了你们！

于是老仆半夜溜出唐府，一瘸一拐地跑到驿馆去敲朱大人的门。他告诉朱子，唐家三个儿子正在家里准备兵器，不知要干什么！朱子一听，觉得事关重大，在古代，私造兵器，那是什么？那是要造反啊！难道唐仲友要大逆不道，起兵造反？朱子坐在灯下思考着。

这事得调查清楚，于是，朱子亲自带着一队人马连夜赶到唐府。

唐仲友已收到王淮的回信，早已不把朱子放在眼里，一听是朱熹带人堵在了门口，他非常生气。

唐仲友披衣来到门口，轻蔑地看着朱子：朱大人，威风啊，想抄我唐某人的家是吧？

朱子：唐大人，你言重了，我是接到举报，说你府上藏有不少兵器，这可不是儿戏，我想啊，是不是有人诬告你唐大人，所以带人前来查验！

唐仲友冷笑一声：笑话，我唐某人会做私藏兵器这种大逆不道的事？朱大人，你想搜我唐某人的家，就直接来搜，何必找如此弱智的借口？

朱子听唐仲友一说，也有些犹豫了，唐仲友说得没错，作为一个四品大员，不可能做出这等灭九族的事。

朱子正在犹豫，只听呼啦啦从后院冲出了一群人，一看是唐家二个儿子领头，每人头戴盔身披甲，手上还握着刀枪，在他们身后是十余个家丁下人，也是全副武装。朱子和唐仲友两人见了，都傻眼了。

朱子看着唐仲友：好呀，唐大人，你想造反啊？

唐仲友连忙否认：不是不是，朱大人，你误会了，我，我，我不想造反！

朱子指着这群拿着刀枪的人：都全副武装了，不是造反是什么！

唐仲友大喝声：你们在干什么？退下，全都给老子退下！

唐仲友转头对朱子解释道：这，这，这是犬子给朱大人演戏，对，演大戏！

一群人正要退到后堂，朱子一声令下：全都给我拿下，带回司理院待审！

唐仲友站在那里，一言不发地看着朱子把三个儿子和一群家丁带走。唐仲友的老婆哭喊着拦在门口。

何氏跪在朱子面前：朱大人，您就行行好，我的三个孩子真不是造反，他们只是想和你开个玩笑啊，是他们不懂事，您就大人大量放过他们吧！

朱子扶起何氏：唐夫人，你放心，我朱某人不会冤枉一个好人，也绝不会放过一个坏人！

唐仲友斜着眼看着朱子。

朱熹，你什么意思？你就认定我唐仲友是坏人喽，老子就是坏人啦，老子就跟你杠上了啦，我看你能拿我怎么着！

大闹司理院

司理院是宋代州的审判机构之一，即司理参军的衙门，其前身是五代的马步院，有时以司法参军兼理，相当于现在的法院，其附设的监狱称为司理院狱，相当于现在的看守所。

唐仲友很恼火，心爱的女人严蕊被朱熹派人从黄岩捉住关进了司理院狱，现在，又眼睁睁地看着三个儿子被朱子捉住关进了司理院狱。情人被你关进监狱也就算了，现在三个儿子也被你收押了，这可把唐仲友给气炸了。

唐仲友一夜没睡：朱熹，你欺人太甚，既然你不仁，那就休怪我不义了！

第二天一早，唐仲友飞鸽传书，把介登和尚叫到了唐府，然后又让人叫来一直藏匿在唐府地下室的叶老八。唐仲友让二人一起到密室谈话。要知道，这两个都是江湖上混的亡命之徒，现在，唐仲友把两人叫到一起，他要干什么呢？

唐仲友开门见山：介登大哥和老八兄弟，唐某想托你们办一件事！

介登看着唐仲友：唐兄弟，什么事？您一句话，上刀山下火海，大哥我绝无二话！

介登跟唐仲友有十多年的交情，又是在关老爷面前喝过血酒的结义兄弟，近一年来，他在唐仲友的庇护下当了报恩寺的住持，可谓风光一时，钱财也捞了不少。唐仲友对他来说，就是大恩人，现在恩人有难了，要他做事，他感觉义不容辞！

而这些天叶老八在唐仲友府上，唐仲友也把他当贵宾对待，许诺叶老八，如果这次他唐仲友能渡过难关，他将想办法把叶老八招为衙役，成为公门中人。从江湖小混混变为政府公务员，这是叶老八以前想都不敢想的美事。叶老八从此对唐仲友忠心耿耿，一心要保唐仲友渡过难关。

叶老八：小人跟介登法师一样，愿为您赴汤蹈火！

唐仲友起身拉住二人的手：朱熹欺人太甚，接二连三告我御状，毁我名声要我性命，现在又无端闯我家门捉走我的三个儿子，这是要灭我唐某人的门啊！

介登一听，两眼一瞪，气得哇哇大叫：唐兄弟，您就说吧，要我们怎么干，要不，让我冲进去帮你杀了这个什么猪狗大人，替兄弟出了这口恶气！

唐仲友摆了摆手：那倒还没到这个地步，我叫二位兄弟来，是想让你们带一拨人去司理院走一趟，把关在里面的人给我抢出来。

叶老八听了：唐大人，您放心，这事就交给我和介登法师，我们一定完成任务！

经过一番密谋，介登和叶老八带着一帮心腹地痞出发了。介登年轻时习过武艺，善使一对镏金铁锤，叶老八以前混江湖时，用的是哨棒。

一群人就这样咋咋呼呼地向台州司理院冲去。司理院是州衙重地，自然有衙役站岗，衙役见一群人拿着武器冲了过来，吓得大声呼叫，被叶老八上前，一哨棒打晕在地。

介登和叶老八就这样带着人冲进了司理院，里面的衙役见有外人非法闯入，连忙敲钟报警。此时，朱子和黄榦、蔡沉以及高文虎、赵善伋等人都在司理院提审唐仲友的三个儿子，见介登和叶老八带人闯了进来，慌忙组织抵抗，一场混战在台州司理院展开。

介登和尚矮胖矮胖的，但一对铁锤使得好，舞得虎虎生风，一群衙役拿着长枪围住他，他也毫无惧色，几个回合，便把衙役们手中的长枪磕飞的磕飞，砸断的砸断，衙役们不敢上前，介登舞着双锤向朱子冲来。

介登边舞着铁锤边飞奔着，眼看就要冲到朱子面前了。

高文虎大叫道：保护朱大人！

可衙役们大多被介登和叶老八带来的人缠住，根本脱不开身。就在这危急关头，只见蔡沉从地上操起一把长凳便向介登迎去，二人打到了一块。蔡沉虽然只有十六七岁，但从小便在父亲蔡元定的要求下习武练拳，习得一身好武艺。

介登和尚见一个文质彬彬的小伙子提着凳子和自己干，刚开始没把蔡沉放在眼里，几招过后发现不对，这个小伙子身手不凡，再加上自己近年来多吃少动，身体发胖，不一会儿便气喘吁吁，有些挥不动铁锤了。蔡沉抓住一个破绽，一板凳扫去，把介登扫倒在地，介登这人很顽固，认定朱子是坏人，倒地前还大喊一声：狗官，拿命来！把手中的一柄铁锤拼死扔向朱子。铁锤挟着风向朱子飞去，朱子慌忙一侧身，铁锤从他耳旁飞过，嘭的一声砸到墙上，把墙砸了个坑。

朱子一声令下：给我拿下！

众人上前按住介登，夺了他的另一柄铁锤，捆绑了手脚！

叶老八见状，不敢恋战，带了几个人冲出包围，夺门而逃。其余人等，皆被朱子叫人绑了关进司理院，等候发落。

第二十二章　王淮落子

经过初步审问，得知这伙人是受唐仲友指使，这让朱子怒不可遏，在八月十日，他又向朝廷写了弹劾唐仲友的第五份奏折。在这份奏折里，他明确指出唐仲友之所以敢如此嚣张，就是因为背后有宰相、侍郎、台谏等一干朝中重臣和地方官员撑腰。

> ……臣以疏陋卑贱的材质，被朝廷委以重任，即便衰病，精力不逮，也要驱驰劳瘁，不敢顷刻自安。陛下对臣知遇恩深，臣不能不渴望仰报万分之一，如今不幸，不能称职，臣实在有罪，也不打算逃避刑罚，但臣有血诚，敢动天听……
>
> ——朱熹《按知台州唐仲友第五状》节选

指出了唐仲友之所以有这样的嚣张气焰，主要是“有人阴为主张，擿语消息”，他在奏劾里揭露了从宰相、吏部、台谏到台州“要官子弟亲戚”之间上下串通、相互勾结。朱子在奏劾的最后说了一段狠话：

> ……臣冒死奏闻，乞求陛下英明裁断，早赐罢黜，付

之典狱，根勘行遣，以谢台州之民。再下诏有司治臣之罪，议臣之罪，重置典宪，以谢仲友之党，臣不胜幸甚。臣干犯天威，无任恐惧战灼之至……

——朱熹《按知台州唐仲友第五状》节选

这段话不是两人面对面吵架时说的，也不是对着镜子自言自语时说的，而是以奏折的方式白纸黑字写给陛下的，这就严重啦，凡是认识中国字的人都能读出此时朱子的意思：唐仲友，我要与你同归于尽！

这是朱子在表态：我跟你唐仲友死杠上了，同时也跟你朝廷死杠上了！

破釜沉舟，不是你死就是我亡！

面对朱子的步步紧逼，王淮没办法了，怎么办？自然又得求救于夫人。王淮的夫人何氏拿着朱子的一叠弹劾状研究了半天，告诉王淮：“相公，你得找人先放一个烟幕弹！”

好一个烟幕弹

烟幕弹，大家都知道，这是战场上为迷惑对方而故意施放的一种产生大量烟雾的东西，这种东西本身没有杀伤力，但它可以帮助你逃跑或隐身。在几天前，其实王淮已经帮唐仲友放了一个烟幕弹。当时，圣上赵昚向他问起唐仲友和朱子矛盾的缘由时，王淮故意说唐仲友喜欢苏东坡所以推崇苏学，而朱子是师承二程所以推崇理学，两人产生矛盾是因为学术之争，是“秀才争闲气”罢了。这其实就是一个巨大的烟幕弹，王淮利用这个烟幕弹，把孝宗赵昚带进了朱子弹劾唐仲友这起大案的误区，一个对朱子极为不利的误区。

现在夫人何氏又要王淮制造一个烟幕弹，那就是让人传话：朝廷将另外委派浙西提刑来“专究此案”。提刑是什么官？宋代提刑全称为“提点刑狱公事”，由朝廷直接下达政令对其进行任免，主要职责是监督各“路”（相当现在的“省”）所辖区域刑事案件处置和监管区域内各级官员，是“提点刑狱司的主管官员”，相当于省级检察长和法院院长。

这招很绝，绝在一是堵了提举朱子的嘴，你朱子不是说朝廷一直不搭理你，你反映唐仲友贪污腐败、乱搞男女关系没有查办他吗？现在好了，朝廷委派浙西提刑“专究此案”让“提点刑狱公事”这样的专业官员来查办唐仲友，朱熹，这回你满意了吧，第二个绝的地方是，现在朝廷已经派人来调查唐仲友了，你朱熹的主要任务是赈灾，所以，你可以赶紧离开台州到别的灾区去巡视了。

一套“组合拳”

这个烟幕弹效果非常好，一下子就传遍了浙东，也引起了朝廷众多官员的关注，在王夫人和王淮原本的计划中，这本来只是一个烟幕弹，说说罢了的事，但没想到效果太好、影响太大，收不了场了，王淮被迫无奈，只得假戏真做。几天后也就是八月十四日，王淮通过朝廷正式发文，宣布唐仲友一案由浙西提刑接管，命令朱熹离开台州继续前往下一站巡视，这是第一拳，接着三天后也就是八月十七日，王淮又打出第二拳，他罢免了三个月前就议好的让唐仲友出任江西提刑的新职，为什么要打这一拳，一是迫于舆论压力，这时候你怎么还能让唐仲友提拔任新职务呢？这不是打朝廷打圣上的脸吗？这样干是活得不耐烦找死啊；二是，这样一罢免又可以把罪不容赦的唐仲友保护起来，万一实在保不住，可以从宽处理。一天后也就是八月十八日，王淮在夫人何氏的点拨下打出了第三拳，也是这套组合拳里最漂亮的一拳：改除朱熹为江西提刑，学过文言文的人都知道“除”在古代汉语里是“当任”的意思，也就是说，王淮改任朱熹为江西提刑了。为什么说这一拳打得最漂亮？首先，改任朱子为江西提刑后，朱子就没权再过问浙东唐仲友的案子了，你朱子不是说要跟唐仲友破釜沉舟、死磕到底吗？我现在就彻底斩断你跟唐仲友案子的关系，让你无权过问，第二，江西提刑这个职位原来已经定好了是给谁的呀？是给唐仲友的，现在你朱熹拿去当了，什么意思呀？原来你朱熹天天告唐仲友的状，就是看中了人家的职位要抢人家的位置啊！现在你如愿以偿了吧？你朱熹如果还去整人家唐仲友，那真是会引起人神共愤的！

这三拳打下去，朱子当场就蒙圈了！

抗争到底

朱子毕竟非等闲之辈，很快回过神来。不对啊，我朱某人一年前之所以答应来当这个提举，那是因为我要救灾民于水火啊，还有，我这么长时间以来调查唐仲友，跟唐仲友死磕了这么久，就是要整治贪官污吏，要还台州百姓一个公道，你王淮这样一整，搞得我朱某人好像就是为抢唐仲友位置而来，这跟我的初衷完全不一样啊！

不行，我朱某人不上你王淮的当，我说了要跟唐仲友死磕到底就要说到做到，王淮，你放我回去，我要跟唐仲友再打过！

朱子决定抗争到底，就在九月四日，在他收到朝廷委任他出任江西提刑诏书的当天，当即上了一道奏折，奏折名称就叫《辞免江西提刑奏状》，在奏状里朱熹说，江西提刑打死我也不会去的，如果我去任了江西提刑，就等于是抢了唐仲友的位置，你们这么干是寒磅我啊，“蹊田夺牛”这是个三岁小儿都不屑干的事。

跟这道辞免奏折一起上交的还有朱子弹劾唐仲友的第六状。在这一状里，朱子集中选择了唐仲友偷盗巨额储备金和伪造官会这两条重罪上奏，并把犯罪过程用写实笔法进行一一展示：

……一据蒋辉供，仲友使三六宣教，令辉收拾作具入宅，至后堂名清属堂安歇宿食，是金婆婆供送饭食。得三日，仲友入来。说与辉称：“我救得你在此，我有些事问你，肯依我不?”辉当时取覆仲友：“不知甚事言了是。”仲友称说：“我要做些会子。”辉便言：“恐向后败获不好看。”仲友言：“你莫管我，你若不依我说，便送你入狱囚杀，你是配军不妨。”辉怕台严依从。次日见金婆婆送饭入来，辉便问金婆婆如何得纸来。本人言：“你莫管，仲友自交我儿金大去婺州乡下撩使庵头封来。”次日金婆婆将描摹一贯文省会子样入来，人物是接履先生模样。辉便问金婆婆，言是大营前住人贺选在里书院描摹，其贺选能传神写字，是仲友宣教耳目。当时将梨木板一片与辉，十日雕造了，金婆婆用藤箱乘贮，入宅收藏。又至两日，见金婆婆同三六宣教入来，将梨木板一十片双面，并《后典丽赋》样第一卷二十纸。其三六宣教称：“恐你闲了手，且雕赋板，俟造纸来。”其时三六宣教言说：“你若与仲友做造会子留心，仲友任满，带你归婺州，照顾你不难。”辉开赋板至一月。至十二月中旬，金婆婆将藤箱贮出会子纸二百道，并雕下会子板及土朱靛青棕墨等物付与辉，印下会子二百道了。未使朱印。再乘在箱子内付金婆婆，将入宅中。至次日，金婆婆来，将出篆写一贯文省并专典官押三字，又

> 青花上写字号二字。辉是实方使朱印三颗。辉便问金婆婆，三六宣教此一贯南篆文并官押是谁写，金婆婆称是贺选写。至十二月末旬，又印一百五十道。今年正月内至六月末间，约二十次共印二千六百余道。每次或印一百道及一百五十道并二百道。至七月内不曾印造。至七月二十六日见金婆婆急来报说：“你且急出去，提举封了诸库，恐搜见你。”辉连忙用梯子布上后墙，走至宅后亭子上，被赵监押兵士捉住，押赴绍兴府禁勘……
>
> ——朱熹《按知台州唐仲友第六状》节选

内容很具体、情节很生动，证据很确凿。王淮两口子一看，糟了，朱熹不上当，于是在家里分析朱子不去当任江西提刑的原因，最终得出结论：朱熹脸皮子薄，怕人笑话他“蹊田夺牛”，所以不接受新职务。

没关系，朱熹你有要求就提嘛，我马上让人给你换，而且我还给你加重筹码，让你名利双收，只要你不再揪住唐仲友不放就行了。

于是，王淮马上授意尚书省下札子，改任你为江东提刑，把原来的江东提刑换去当江西提刑。另外，朝廷还考虑到你朱熹在浙东赈灾劳苦功高，给你“进职二等”除直徽猷阁。

朱子在离开台州前往下一站的路上，接到了改任江东提刑和除直徽猷阁的诏书，他又拒绝了，当场就写《辞免江东提刑状》，这次辞职信写得更快，连草稿都不用打，把上次的改个地名抄一遍就行了。

王淮收到辞职信一看，这回轮到他蒙圈了。

大赦天下

“女诸葛”何氏的五招全使出来了，朱子与他死磕到底、抗争到底的精神取得了胜利。但“女诸葛”这个外号也不是白叫的，她通过这一系列的运作，成功地为唐仲友案拖延了时间，因为何氏推算过，今年又轮到三年一次的大赦，九月十三日朝廷举行祭祀大典，大典之后应该会大赦天下。

有人就问了，为什么要大赦呢？答案很简单，因为古代人口少且寿命不长，为了有更多人口发展生产，古代大赦往往很频繁，一般平均两三年就会有一次大赦。

据史料记载，为显皇恩浩荡，历代统治者大赦一般都会选在祭祀大典后，大赦的仪式很隆重：大赦当天，皇帝驾临，面南而坐，持戟武士侧立两旁，群臣分班次在殿下朝拜。有专门人指挥鼓手擂鼓，雷鸣般的鼓声震天动地，造成庄重肃穆的气氛。鼓声停，金鸡仰首，彩盘下降，大理寺卿趋前叩拜，双手捧出赦书，高举头顶，再拱手展示，大声宣读，读完，喝令开释，所有囚徒（在首都监狱服刑的被赦免罪犯的代表）一齐卸掉枷锁，三呼万岁。大赦之后，这些囚犯就恢复了自由。

“女诸葛”何氏算得很准，果然，淳熙九年九月十三日，赵昚按期举行祭祀大典，然后更是大赦天下。被朱子抓住先是关在台州后转移到绍兴司理院的所有涉案嫌疑人，包括严蕊、蒋辉、介登、姚舜卿、马澄、陈连升、唐士彪、唐士俊三兄弟等一干犯人，全部免罪释放。手下免罪，案件主犯唐仲友自然也免罪。唐仲友一家很高兴，王淮两口子也很高兴。王淮让唐仲友先回台州，等过了这阵风头，他再想办法给他寻求职位。

六劾唐仲友以朱子失败告终。面对这一结果，朱子苦笑着摇了摇头，带着弟子黄榦、蔡沉踏上了回武夷山的归途。

在路上，朱子给唐仲友写了一封信。

第二十三章　无言的结局

愤怒的朱子看穿了王淮的伎俩，同时也对朝廷很是失望，他反复给朝廷递交辞免状，要求辞官归里，而朝廷呢，始终不同意。

老夫要奉祠

朝廷或者说宰相王淮为什么不同意朱子辞职呢？因为毕竟朱子是当时著名的学术领头人，虽然官做得没有多大，但是关注他的人很多，他这次出任提举大臣到浙东赈灾是有很多人关注的，而且举荐朱子当浙东提举的人正是王淮自己，结果朱子查出了唐仲友贪腐案，弄得朝野上下议论纷纷，弄得王淮很被动。如果这时候同意朱子辞官，那更是摆明了是王淮在暗中操作，这对王淮来说，是很没面子的事，对朝廷来说，一个提举因为弹劾贪官无果而被迫辞官，这也是件很尴尬的事。在这种情况下，王淮和朝廷能让朱子走吗？当然是不让。

当初王淮举荐朱子当这个浙东提举，就是出于个人和政治上的通盘考虑，选派朱子就是为了显示自己任人唯贤的包容气度，向其他势力表明自己的开放性，把更多知识分子笼络住，争取最广泛的支持，现在朱子在浙东赈灾搞得有声有色、风生水起，毫无疑问是个人才，如果答应朱子辞职，王淮不是自己给自己打耳光吗，所以他就是不批朱子的辞职报告，再三挽留，不断催促朱子上任，但是此时的朱子那是铁了心，打死我也不当这个官了。朝廷说，不行，你必须得当，否则不放你走，朝廷的原话是“不许辞免”。朱子被逼得没法，你朝廷一定要让我当官，那行，我要奉祠。朝廷说，好，答应你，你对台州有贡献，台州人民热爱你，差你主管台州崇道观，怎么样？朱子说，行！

淳熙九年（1182 年）九月中旬，朱子离开浙东，飘然南归，回到福建老家，在路上，他给老朋友陆游写了一封信，他说我决计九曲溪边盖个茅草屋，从此闭门读书，讲学著书，了此余生，一切是非都付笑谈中。

淳熙十年（1183 年）的正月，朱子来到武夷山隐屏峰下选址盖书院，他跟弟子一起“具畚锹，集瓦木”，经过三个多月的努力，武夷精舍终于建好了，朱子亲自写下“武夷精舍”四字横匾，让弟子们抬着挂了上去。

理学之剑

武夷山大王峰一侧的山梁处有座大殿，现在大家称它武夷宫，南宋年间，它有另一个名字唤作冲佑观。宋代官场有祠官制度，所谓奉祠，就是让官员来管寺庙或道观，这是给一些不好安排工作的官员专门设置的特殊岗位，武夷山冲佑观曾被很多“佚老优贤”的官员前来“奉祠”。在 1187 年至 1195 年的八年里，武夷冲佑观特别有幸，先后有三位文化巨人奉朝廷之命到这里奉祠，这三人的名字分别是陆游、朱子和辛弃疾。

诗人陆游（1125—1210 年），理学家朱子（1130—1200 年），词

人辛弃疾（1140—1207 年），历史就这么好玩，把这三个文化巨人生在了同一时代，又把他们安排在同一座山上，干了同一件事——奉祠。朱子 48 岁提举武夷山冲佑观，在修建武夷精舍前，陆游和辛弃疾就与朱子相逢于武夷山。

在古代，文人墨客都有在姓名之外取字立号的习俗。陆、朱、辛三人到了中晚年，都给自己取了新字号，号中又不约而同地用了个“翁”字：陆游号放翁，朱子号晦翁，辛弃疾号瓢翁。“翁”是对德高望重长者的尊称，由于他们的号都有“翁”字，因此他们被武夷的老百姓尊称为“武夷三翁”。一个“翁”字，不仅让人看到了南宋三个文化牛人的老去，同时也折射了他们对壮志难酬的无奈。

武夷精舍建好后，朱子在这里讲学著述，时常想起各奔东西的陆游和辛弃疾。朱子觉得思念不如相见，于是便写信相邀，把陆游和辛弃疾约到了武夷精舍，大家坐在一起，说不完的理想与抱负，道不尽的惆怅与无奈。作为东道主，朱子请他们登天游、游九曲、穿越一线天，尽情感受武夷风光之美。

时值春夏，溪水湍急，三人吟诗唱和，甚是快活。朱子望着奔流不息的九曲溪水，回想起如烟往事，提笔写下了“逝者如斯”！写完一挥手，把笔掷入溪中，毛笔在溪水中起伏荡漾漂向远方。而“逝者如斯”永远留在了九曲岸边。

在武夷精舍附近，便是九曲溪之五曲，溪水中遗世兀立着一座石岛，岛中有一块圆桌般大小的磐石，形若砥柱，色似璞玉，朱子很喜欢这里，给这块石头取了个有意思的名字——“茶灶”。喜好山水的朱子，经常呼朋唤友来这里坐而论道。陆游、辛弃疾还没到过茶灶，朱子决定带二人去“茶灶”喝茶。

朱子：放翁兄，稼轩贤弟，我带你们去一处好玩的地方。

陆游、辛弃疾：这里就很好玩了，武夷山还有更好玩的地方？

说，什么地方？

朱子：我带你们去“茶灶”煮茶去，这可是天下第一好的喝茶处！

陆游、辛弃疾指着朱子道：有这等好地方，何不早说，走走走，煮茶去！

三人移舟登临石岛，就石作灶，就溪汲泉，置壶煮茗，促膝环坐。相同的际遇，相似的情怀，难酬的抱负，让他们彼此惺惺相惜。

陆游问朱子：晦翁兄啊，我有个问题，我一直憋在肚子里好久了，今天见你心情好，问出来拉倒，你别往心里去啊。

朱子看着陆游：问吧，什么问题？

陆游：你六劾唐仲友，咬着牙跟他死磕，外面都传是你嫉妒他的才华，想抢他的江西提刑位置，是不是真的？

朱子看着陆游：你说呢？

陆游坦诚道：以我对你的了解，晦翁兄你绝对不是这样的人！不说一个江西提刑，就是给你个江西经略使，你也不会看在眼里。

辛弃疾也应道：虽然唐仲友也算是个有才之人，但说他的才高到让你朱子嫉妒，我第一个就不信。

朱子端起茶杯：放翁兄，稼轩贤弟，还是你们了解我啊，来，以茶代酒干了这一杯！

三人仰头喝茶。

陆游仍然揪着问题问：既然你不为官不为才，难道真如外界传言，说你夫人走得早，你想夺他的相好严蕊严姑娘？

辛弃疾听了，哈哈一笑，看着朱子。

朱子反问陆游：哪个天杀造的谣，你觉得我会是那样的人吗？

陆游：我本来也觉得是无稽之谈，可是，传的人多了……

朱子：传的人多了就怎么样？难道传的人一多，你就相信啦？

陆游：我是不信，我是担心，这样谣传下去，会污了你一世英名啊！

辛弃疾叹了口气应道：是啊，众口铄金，谣言可畏啊！老朱，我看你是不是出来澄清一下，要不，你写个帖子，我在朋友圈给你转一转！

朱子看着两位老朋友，笑道：都说谣言止于智者，看你们将信将疑的样子，我怎么突然觉得，自己跟两个智障是好朋友！

陆游笑道：好你个晦翁，敢骂我俩是智障！

朱子：谁叫你相信唐仲友的谣言！

陆游叫屈道：朝廷官员这样传，山野村夫也这样传，一个人传，不可信，十个人百个人呢？

辛弃疾：不仅是一个谣言，还有成组的谣言，天下不仅是你晦翁一个人有谣言，还有千千万万的谣言，比如就有人谣传，说岳飞造反，说当年是泥马救主，还有那什么“大楚兴陈胜王”“刘邦斩白蛇”“狸猫换太子”等，一个比一个玄乎，在这些谣言的背后，真相到底是什么？又有谁去认真想过呢？唉，谁能借我一双慧眼，让我更好地看清这个纷纷扰扰的世界！

朱子听了鼓掌：好，稼轩贤弟说得好，借我一双慧眼，让我看清这个纷纷扰扰的世界！

陆游感叹道：可是，上天不会借我们一双慧眼！

辛弃疾：朝廷也不会借我们一双慧眼！

朱子：所以，只有我们自己练就一双慧眼，然后通过我们再帮更多的人练就慧眼，只有这样的人多了，这纷纷扰扰的世界自然会有清清朗朗的那一天！

陆游和辛弃疾听了，放下茶杯，鼓掌。

朱子看着两人，继续满怀激情道：我不仅想练就一双慧眼，我还想铸造一把利剑，一把斩除人心之弊的理学之剑！

饮罢方舟去，茶烟袅细香。仙翁遗石灶，宛在水中央。

无言的结局

淳熙十五年（1188 年），婺州金华，唐宅内室，奄奄一息的唐仲友躺在床上，夫人何氏坐在床边，紧紧地握着唐仲友的手，一个劲地流着泪。三个儿子依次跪在床前，一个个哭得很伤心。自从跟朱子在台州争斗之后，唐仲友像变了个人。

六年前的那个秋天，唐仲友在姑姑何氏和姑父王淮的极力斡旋、庇护下，被朱子六劾的他，最终起死回生逃过了劫难，他带着胜利的喜悦回到了台州，他决定大宴宾客，一来为自己压压惊，二来感谢给予他庇护的心腹同僚，三来给台州州衙内与朱子交好的官员以及台州百姓一个警告，你看，老子唐仲友又回来了，你们都给我老实点！朝廷虽然没有让我官复原职，但老子很快就有东山再起的一天！

宴席很丰盛，场面很热闹。席间，唐仲友还安排了不少娱乐节目，歌舞助兴。节目中有安排一名娇艳的官妓上台表演。

主持人问唐仲友：唐大人，您今天想听什么曲子啊？

唐仲友想了想：就来一首《大圣乐》吧。

官妓听了，轻拨琴弦，宛转玉喉，吟唱起了《大圣乐》。当唱到最后几句：休眉锁，问朱颜去了，还更来么？

唐仲友很兴奋地端着酒杯走上舞台，竟然在宴席上扭动着屁股，陶醉地跳起了舞。

舞罢，唐仲友高举酒杯，向台下众人唱道：问朱颜去了，还更来么？

台下有人高声回应：来不了啦！

众人一阵大笑。

几天后，沉浸在胜利与快乐中的唐仲友收到了一封信。信是朱熹写的。唐仲友拿着信，对着光线反复查看。

唐仲友：朱熹，你又搞什么鬼？

唐仲友缓缓撕信封，眯缝着眼看信。

与正：

见字如面。此时此刻，我亦不知如何称呼你，称唐大人吧，但在我看来，你不配做大人，称唐知州吧，台州的百姓恐怕不答应，称你贤弟吧，又觉得你我今生成不了兄弟……思来想去，还是称与正吧。

与正，这次台州之行，说实话，我是想让你掉脑袋的，哪怕砍不了你的脑袋我也想让你丢官回家卖红薯。你一定会问我，为什么要这样做，是不是上辈子你我有杀父夺妻之恨？与正，你误会了，上辈子你我是人是畜尚且不知，哪有什么仇怨存在？我之所以要跟你死磕，那是我的职责使然，作为浙东提举，赈灾和勘察辖区官员是我的职责所在，不查你，就是我渎职；又是我的性格使然，我天生疾恶如仇，见到恶人坏人，不将其绳之以法，我睡不着觉；第三，这是我的使命使然，你我均为读书人，“为天地立心，为生民立命，为往圣继绝学，为万世开太平”，这是圣人告诉我们读书人要留存心底的使命。查处像你这样的胡作非为的官员，就是为天地立心，为生民立命！与正，在夜深人静时你扪心自问，你做的那些事是一个朝廷官员干的事吗？台州百姓遭受水旱之灾，已经揭不开锅了，我好不容易才从朝廷给他们申请了一点免税政策，你统统不执行，朝廷运来救济物资，你让它锁在仓内不予发放，你这是要干嘛呢？再说台州的储备金，那是几十万百姓的救命钱啊，你也敢偷窃敢挪用，还有，偷印官会造假币，这是那些吃了熊心豹子胆的亡命之徒才敢干的事，你一个读书人也敢干，至于你和严姑娘的事，我都不好意思说你，你一个四品大员，跟一个小姑娘厮混，用公款给她租房买车，还说这是什么真爱！与正，你说句真心话你是真爱严姑娘吗？爱她你就不会让她胡作非为，干涉台州政事，对不对？再说，严姑娘是真爱你吗？我看也有水分，真爱你的话，就不会住你用公款给她租的宽宅大院、不坐你送她的豪华轿子。我看真正爱你的还是你夫人，她给你生儿育女不说，当你身陷囹圄时，对你不离不弃，有此良妻不珍惜，偏要去拈花惹草，我都替你害臊！你说你崇拜苏轼好苏学，你好意思说，你看人家苏轼对夫人多好，夫人死了十几年，还经常梦到她，每次做梦都哭得泪眼婆娑，还给亡妻写诗填词，我一读他那首《江城子》就想哭，为什么，因为我也跟他一样啊，我妻子刘清四也离开我好几年了，我现在是无妻可爱之人了。

说了这么多，我也不知你能听进去几句，反正弹劾你也弹劾了，私聊也跟你聊了。你我就此别过，我要回老家武夷山办教育了。既然无法实现“为天地立心，为生民立命”的梦想，那我就隐居山林讲学著述，看能不能“为往圣继绝学，为万世开太平”？人嘛，总要有点梦想对吧？万一就实现了呢！

罢了，不跟你说了，山高水长，江湖不再见！

一个跟你无冤无仇的人　晦翁

唐仲友拿着信，足足看了一个时辰，他坐在椅子上，心里五味杂陈。

良久，他起身走到窗下，凝视着远处焕然一新的台州先圣庙，沉思着。

唐仲友喃喃自语：朱元晦，你想“为往圣继绝学，为万世开太平”，你能做的事，我唐某人也不会输你！

唐仲友像换了个人似的，从此洗心革面，他先是拿出二十七万文钱捐给台州一个叫桐山村的地方修桥。一个月后，唐仲友婉拒了姑父宰相王淮给他安排的职务，从台州举家搬迁回到了老家婺州金华。在家乡，他除了坚持做善事，还开坛讲学，著书立说，著有《六经解》《考经解》《九经发题》《诸史精义》《经史难答》《说斋文集》以及《帝王经世图谱》《天文详辨》《地理详辨》等书。唐仲友的学说也得到了后人的认可，在中国儒学史上亦有一定的历史地位，而他在台州主持刻印的《四子》已成稀世珍品，其中《荀子》二十卷在日本尚有藏本，被日本人誉为国宝。

唐仲友不仅自己找到了新的人生追求，对几个儿子也是加强管教，促使他们浪子回头，不再为非作歹。在父亲管教下，唐士俊、唐士特、唐士济也各自学会了自食其力的本领，成家立业，在金华过上了普通人的生活。

六年后，即淳熙十五年（1188 年），时年五十三岁的唐仲友因病离世，据《金华府志》记载，他离世时，家中贫困，连买墓地的费用都要靠亲戚凑钱，而他六年来的累计捐款，却相当于南宋一个中级官员数十年的俸禄。

唐仲友咽气前，交代儿子，把自己写的《六经解》送一部到武夷山交给朱子，并附信一封。

很快，朱子收到了唐仲友的书与信。

朱子展信细读：

晦翁兄：

见字如晤。自台州一别，六年有余，记得当年兄在信中言道，此生不与与正为兄弟。兄不当我为弟，但我却愿以你为兄，兄在台州六劾于我，彼时我确实拿兄当仇敌以待，事后得兄之信以观，方晓大错已成，甚感羞愧。反思原因，或许是与我成名太早、前半生仕途太顺有关，以致我后来目空一切、唯我独尊，自我膨胀以至无法无天，而近我之人，或惧我而不敢说实话，或有求于我而阿谀奉承。唯兄敢予我以当头棒喝，差点被你劾得脑袋搬家，说不恨你，那是假话，当时我恨不得你坐车摔死过河淹死。直到圣上大赦天下，回到台州，我都想再找你拼个你死我活。后来，看了你的信，反思自己在台州之作为，确实如兄所言，与正上对不起唐家列祖列宗，下对不起妻儿老小，更对不起台州父老。从收到你信起，我决定重新做人！

我在金华不时听到你的消息，得知你的武夷精舍建好了，也替你高兴，后来，又听说你跟陈同甫因为“王霸义利”吵架，再后来，又听说你因“无极太极”之故，再次跟陆象山杠上。元晦兄啊，你这爱跟人争论的老炮儿脾气真得改一改了，已是年过花甲的人了火气还是这么大，这对身体不好！这几年，我也写了一些书、讲了一些课，本来还想再写的，可身体一天不如一天，预感人生大限在即，所以特地嘱咐小儿等我咽气后，送一套《六经解》到兄处，望兄闲时翻翻，权当打发时间！

也罢，就此搁笔，当兄收到此信，我已不在人世，今生就此别过，来生有缘再相逢！

一个曾恨你入骨现又念你好的人　与正

朱子拿着唐仲友的信，内心百感交集，坐在武夷精舍前的柴门下，脸上带有悲伤之色。一个少年弟子见了，来到朱子面前。

少年弟子：夫子，您怎么啦？

朱子看着弟子：为师在想念一个人！

少年弟子：他怎么啦？

朱子：他走了！

少年弟子：他是您的亲人吗？

朱子摇了摇头：不是，他是为师的朋友！

结　束

《风云涤荡——朱子反贪记》到此结束，但结束又是开始，又一场风暴——庆元党禁正在等着已经年迈的朱子！

后　记

断断续续，前后三年，终在2020年立春时节，完成了历史小说《风云涤荡——朱子反贪记》一书的创作与修改。草长莺飞二月天，窗外春和景明。静坐书房，诗书佐酒，也是一种别样记忆！

我是个随缘的人，一本书的问世，也讲究个缘。本书得以出版发行，可谓是多种缘合力的结果。第一缘得从十年前说起，记得当时我采访途经闽北一个偏僻山村，在一处古宅墙上看到一幅精美砖雕，刻的是程门立雪故事。砖雕上故事主人公游酢、杨时栩栩如生。恰巧那段时间我在研究影视剧本创作，于是花半年时间，收集程门立雪背后的逸事人情，创作了电影剧本《程门立雪之杨时传奇》，在查阅杨时史实过程中，我对朱子亦有了一些最初印象。2014年，该剧本获福建省重大文艺项目影视剧本征集“入围作品”奖。第二缘得从五夫荷花说起，武夷山五夫镇自古就有种莲传统，近年来当地为发展旅游，打造“万亩荷塘”，我和夫人每年都会带孩子到五夫赏荷。每次到五夫，自然要逛古街走朱子巷参观紫阳楼。游历次数多了，便有些心得累积于心，于是，撰写了一长一短两篇文章，都与朱子有关，短文《紫阳楼前的香樟树》发表在《福建日报》上，长文《诗书不可不读　礼义不可不知：一代大儒朱熹的立身治家之道》入选中央纪委监察部网络中心编的《中国家规》。第三缘则与南平市朱子文化研究会会长林文志的知遇有关。林文志长期致力于朱子文化推广与研究，且在提携后辈新人上不遗余力。一次偶然机会，他得知我正准备撰写影视剧本《朱子查贪》，便约我到朱子文化研究会一叙，并问询我在创作剧本前，可否先行写一本朱子反腐题材的历史小说，争取出版发行。正因为有大家的鼓励与支持，《风云涤荡——朱子反贪记》一书才得以问世。

本书在创作过程中，相关历史事件主要参考著名史学家束景南教授的《朱熹年谱长篇》和《朱子大传》，尽力做到“史实有出处”，体例上则融汇了小说（故事情节、人物刻画）和剧本（人物对话）以及民间“说书”脚本（间或历史知识介绍）等元素，是对创意写作的一种探索与尝试。

本书付梓在即，要感谢的很多很多。

感谢福建省闽学研究会顾问、福建省委宣传部原副部长朱清，福建省文史馆馆员、南平市第四届政协主席张建光，厦门大学教授高令印，中国朱子学会常务理事、福州理工学院朱子文化研究所所长方彦寿，武夷文化研究院副院长、研究员张品端，武夷山朱熹研究中心主任、副研究员吴吉民，《大儒世泽——朱子传》作者祝熹等朱子学专家学者对本书初稿的全面审阅与勘误。

感谢南平市委原常委、市纪委原书记、市监委原主任陈云水为本书作序；感谢南平市政协原副主席、市朱子文化研究会会长林文志多次召开征编工作会，并先后两次全面审稿并作序；感谢南平市纪委副书记、市监委副主任余文新，南平市纪委常委、秘书长许华，南平市纪委宣传部部长黄兴华，南平市政协文史和学习委原主任和勇，他们为本书的出版给予了大力支持和帮助；感谢南平市朱子文化研究会张荣丽、叶丽楠等同志，亦为本书的出版发行付出了辛勤的劳动。

感谢所生活的这个伟大的时代，使我在工作之余，还能如愿以偿地从事文学创作，有机会隔着时空与先贤对话，将自己的心灵和人世间无数心灵沟通，让一向寡言少语的我，有了向世界表达的机会。

感谢父母，他们一辈子蛰伏山林，用披星戴月的身影，为我铺设从山村通往都市的路，使我得以以笔为犁、躬耕都市。

最后，感恩闽北这片溢满斯文的土地和土地上淳朴善良的人们，使我这个从重庆远来的游子在这里生根、萌芽。

杨志林

2021 年 2 月 20 日于福建武夷